JN082472

Towards a Shrinking Population Society

人口減少・少子高齢化社会の政策課題

清家 篤＋西脇 修［編著］

山田 久／大倉紀彰／高部陽平／丹羽恵久／中川正洋／森信茂樹／安井健悟／伊藤由希子
権丈善一／有利浩一郎／山下 護／大久保敏弘／武藤祥郎／星野佳路／島村知亨／牧原 出

中央経済社

はじめに

日本は世界に類を見ない人口減少・少子高齢化を経験しつつあり，その傾向は少なくとも今後20年以上続くと見込まれている。さらに2020年年初以来の世界規模でのパンデミックは，日本国内の出生行動にも大きな影響を与えている。これから人口減少・少子高齢化のさらなる加速も指摘されているところである。

この大幅な人口減少・少子高齢化の下で日本の経済・社会を持続可能なものとしていくには，制度・政策・慣行等を抜本的に変えていかなければならない。それは部分的な対処ではなく，社会・経済全体を相互依存的に捉え，それと整合性を持った方向に変えていく総合的な戦略を必要とすると言える。

本書は，上記のような問題意識の下に，2020年９月から2021年12月にかけて，政策研究大学院大学政策研究院において開催された「人口減少・少子高齢化社会における政策研究会」での発表や議論をベースに取りまとめた研究会報告書を基に，改めて一般読者向けに，大幅に加筆したものである。人口減少下の日本のあり方について，量から質への方向転換という視点からのより広範な政策論議の端緒となることを意図するものである。このような研究活動に対する政策研究大学院大学政策研究院の渡辺修院長，白石隆チーフ・エグゼクティブ・ディレクターを始めとする関係各位の理解に厚くお礼申し上げたい。

同研究会には各分野の専門家，実務家に加え，関係する各省からもオブザーバーとして参加してもらい，政策現場からの意見を述べて頂いた。研究会の議論は多岐にわたっており，人口減少・少子高齢化の現実を踏まえた，労働生産性の向上，デジタル化，人的資本，医療・介護，社会保障と財源，地域経済，環境，観光産業，農業，地方自治体のあり方等幅広い課題を論じている。

本書は，人口減少・少子高齢化社会を迎えた日本の各分野の政策課題に日々向き合っている気鋭の専門家，実務家による書下ろしの最新の論考を網羅しており，政策課題に関心がある実務家，研究者，学生の方々等の参考になるものと確信している。

最後に，本書刊行にあたり，編集の労をとっていただいた中央経済社の市田由紀子編集長に，執筆者一同心からお礼を申し上げたい。

2023年１月

編 著 者

CONTENTS

清家篤・西脇修・山田久・大倉紀彰

第1章

議論の背景と問題提起[1]

この第1章では，第2章以降で論じられる内容の前提を整理する。

すなわちまず第1節においては，本書全体の議論の背景となる，日本における世界に類を見ない人口減少と少子高齢化の進行と，それによる労働力人口の減少について述べる。その上で第2節で，第2章以下の各章で取り上げる論点に関する問題提起を行う。そこでは，量的な成長の可能性について言及しつつ，質の面での豊かさの追求を各論点を通じた問題提起とする。人口減少・少子高齢化社会においては，量から質への方向転換を各分野で考えていくことが，政策検討の中心となると考えるからである。

さらに第3節と第4節では，第2章以下の各章では取り上げない，横断的な問題である人口減少・少子高齢化社会を迎える日本と国際経済（第3節）と日本における労働生産性（第4節）を取り上げ，それぞれ問題提起を行うことにする。

1　議論の背景

（1）世界に類を見ない人口減少・少子高齢化

①　少子高齢化の水準・速度・奥行

日本の65歳以上の高齢人口比率は直近で既に28.6％に達し，高齢人口比率としては世界で最も高くなっている。また高齢化のスピードも日本より先に高齢化の進展した西欧先進国などと比べても格段に速い。さらに65歳以上の高齢人口の中でもより高齢の75歳以上人口の比率も大幅に増加し，比較的若い65歳～74歳の高齢者の比率を１としたときのより高齢の75歳以上の高齢者の人口の比率は団塊の世代の75歳以上になる2025年には約1.5倍，さらに現在の若者の高齢化する2060年には約２倍に達する。さらに絶対数で見た65歳以上人口は，団塊ジュニア世代の高齢化する2042年に3,935万人でピークとなると予測されている。こうした少子高齢化によって，後述するようにこのまま策を講じなければ労働力人口も激減していく。これを踏まえると，日本では2040年辺りを念頭に逆算して，今から政策として何をすればよいのか考える必要がある。

②　成功の証　先進国は長寿・少子，要少子化対策

高齢化をもたらす背景にあるのは長寿化と少子化であり，そのどちらも１人当たりの所得の上昇と正の相関を持っている。つまり高齢化は経済の発展，成長の結果であると言える。このことは，日本に限らず，先進国はどこでも，高齢化を免れえないということの背景でもある。

高齢化の背景にある長寿化は喜ばしいことであり，また出生行動も基本的に個人の選択に委ねられるべきものである。しかし，日本の現在の出生率は，希望出生率（結婚や子供の数に関する若い世代の希望が叶うと仮定した場合の出生率）1.8を大きく下回っている。具体的には，直近では1.36という水準となっており，子供を持ちたいと考えている人たちの希望を実現できていない。少なくともその希望を満たすべく出産・子育てと就労の両立支援など少子化対策を進める必要がある。

図表1－1　65歳以上人口割合の変化

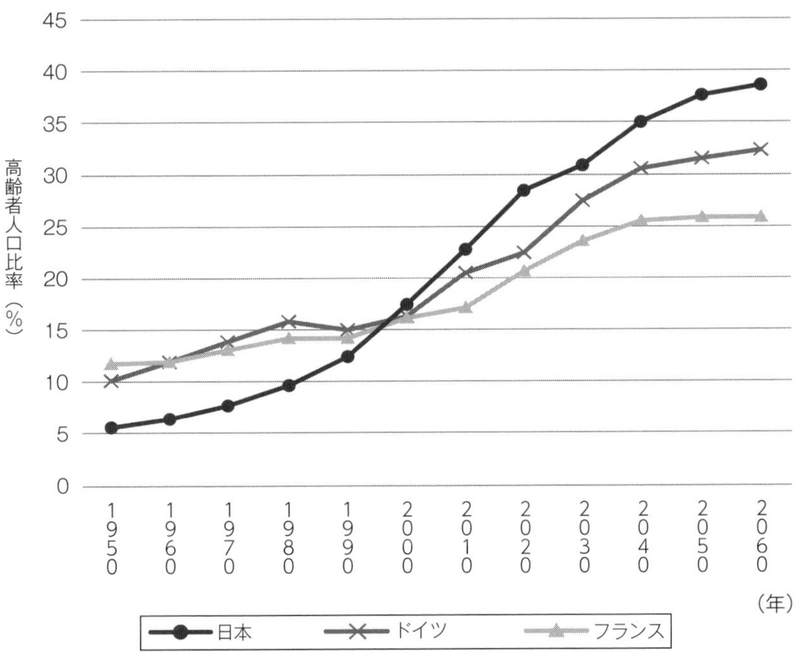

出所）国立社会保障・人口問題研究所「人口統計資料集」

③　少子高齢化前提で，我が国の制度，慣行の見直しを

少子化対策は喫緊の重要課題だ。しかし今仮に劇的に出生率が回復したとしても，成人までに20年はかかる。つまり，2040年ぐらいまではこれまでの長寿化，少子化による少子高齢化を前提に，制度，慣行も含めた社会システムの見直し，さらにその背後にあるものの考え方の転換が必要となる。

（2）労働力人口の減少

①　労働力人口の減少

人口減少・少子高齢化の結果，日本の労働力人口は，これから何も策を講じなければ，直近では6,700万人以上あったものが2040年には5,500万人を割り込むところまで減ると予想されている（**図表1－2参照**）。

図表１－２　労働力人口の見通し

年	2017年実績値	2025年予測値	2040年予測値
労働力参加の適切に進まないケース			
労働力人口	6,720万人	6,341万人	5,460万人
女性30歳～34歳の労働力率	75.2%	76.1%	76.1%
女性35歳～39歳の労働力率	73.4%	74.5%	74.7%
男性60歳～64歳の労働力率	81.7%	81.7%	81.7%
男性65歳～69歳の労働力率	56.5%	56.5%	56.5%
労働力参加の適切に進むケース			
労働力人口	6,720万人	6,673万人	6,195万人
女性30歳～34歳の労働力率	75.2%	81.5%	86.3%
女性35歳～39歳の労働力率	73.4%	83.5%	92.0%
男性60歳～64歳の労働力率	81.7%	85.0%	89.4%
男性65歳～69歳の労働力率	56.5%	62.7%	71.6%

出所）厚生労働省雇用政策研究会推計

国内生産額は，「労働者の数×１人当たり労働時間×時間当たり付加価値生産性」で定義されるので，１人当たり労働時間はこれ以上伸ばせない中で，労働者の数が減っていくと，時間当たり付加価値生産性を飛躍的に伸ばさない限り，生産の減退は避けられない。すなわち労働力人口の減少は経済全体の供給面で成長を制約することになる。

②　需要面でも成長制約

また，労働者の数が減ると，１人当たり労働時間が一定なら時間当たり賃金率を大幅に引き上げないかぎり雇用者所得総額も減ってしまい，結果的に消費を低下させる。すなわち労働力人口の減少は生産という経済の供給面と，消費という経済の需要面の両面で成長の制約になる。

③　社会保障給付拡大，保険料（労使折半），支え手細る

さらに労働力の減少は，社会保障の持続可能性を低下させる。少子高齢化に伴い，一方で社会保障給付は大きく増加する。社会保障給付の総額は，名目ベースで2018年の約120兆円から2040年には約190兆円に，対GDP比でも21.5%から24%に増加すると予測されている。

この社会保障のうち年金，医療，介護は社会保険制度を採っており，その財源は労使折半の保険料を基本としている。したがって働く人が減ると，社会保険制度を支える財源である社会保険料も先細ってしまうことになる。

また，高齢化の進展等による医療・介護等の需要増加は，医療，介護サービスを担う人材への労働需要を増加させる。介護や医療については，仮に財源は確保されても，そのサービスを提供する医療従事者，介護従事者を確保できなければ持続可能ではない。労働力人口減少による人手不足（人的資源の制約）は社会保障制度の持続性のアキレス腱になりかねない。

2　問題提起

（1）量的な成長の可能性

①　労働力維持，女性・高齢者の就労促進，生産性の向上

以上のような課題に対する対策は大きく２つある。１つは，少子高齢化のもとでも，労働力人口をできるだけ維持する策を講じることである。労働力人口は，労働可能な人口と，その人口の中で働く意思を持つ人たちの比率を意味する労働力率の積で定義される。したがって人口減少下でも労働力率を引き上げられれば，労働力人口は維持できる。壮年の男性の労働力率はほぼ100％に達しており，労働力率を引き上げる余地のあるのは女性と高齢者である。

先に掲げた**図表１-２**の下半分は，このシナリオを示したものである。30代の女性の労働力率は，現在75％ほどであるが，これを90％に近づけていく。あるいは高齢層において，60代後半の男性の労働力率は，現在約55％くらいだが，これを70％ぐらいまで引き上げる。そうすれば，2040年でも，本来であれば労働力人口が5,500万人を割り込むところを，6,200万人近い規模を維持することは可能である。

この程度の労働力人口減少であれば，生産性を着実に向上させ，さらにそれを賃金の上昇として分配することで，経済の需給両面での成長制約を緩和できる。またそれによって社会保障制度の持続可能性を高めることもできる。

生産性については，人類は産業革命を経て，過去200年間で50-100倍もの生産性向上を経験している。今，迎えようとしているデータと人工知能（AI）の活用による，データ・ドリブンな社会では，変化は指数関数的に起きる可能性もある。これからの数十年で，生産性はもう一段跳ね上がる可能性にも目を向けるべきであろう。すなわち，デジタル化の進展，データとAIの活用により，日本の各産業は生産性向上の伸びしろを多く持っているともいえる。

② 国外からの労働力

国内の労働力人口に加えて，もう一つ，海外から労働力を移入するという方策も考えられる。これについてはその量も質も大切だ。専門性の高い人材に海外から来てもらうということはきわめて重要である。

国外から高度な専門能力を持った労働力を受け入れて，生産性をさらに高め，成長に寄与してもらえるようにするという流れはこれからも進めていくべきである。この点での課題は，日本国内で提示される賃金は，海外の専門性の高い人材にとって，必ずしも魅力的ではないということである。

優れた人材を海外から受け入れようとするのであれば，それなりの賃金を支払う必要がある。これは先進国からの人材移入だけでなく，開発途上国の経済成長によって，それらの地域からの人材移入についても同様である。外国人労働者の導入は，低賃金では国内労働者が集まらないことを解消するためといった考え方では，豊かな社会を維持するための労働力確保という視点からは問題の解決にならない。

また外国人を受け入れるということは，単に労働力として受け入れるのではなく，子ども世代の教育も含めて，生活者としての外国人を包摂していくということであり，そのための施策にも取り組んでいかなければならない。

③ 多様なライフスタイルに合致した働き方改革

少子高齢化のもとで労働力人口が減少すれば，人的資源はますます希少となる。そのため働く意思と仕事能力のある人たちの能力発揮を最大限に実現することは，最重要課題となる。その鍵は働き方改革である。

より多くの多様な人たちにその能力を発揮してもらうためには，それぞれのライフスタイルに沿うように，働き方全体を変えていかなければいけない。現在のパンデミックを契機に，在宅で仕事をする人も増えるなど，ライフスタイルや仕事のスタイルを大きく変えていくきっかけになり得るとも期待される。

人々の多様なライフスタイルに合わせた，多様な働き方を推進すべきである。仕事への再チャレンジや学び直しをより容易にして，何度でも仕事に取り組み直せたり，子育てや介護で休んでから再度仕事に取り組めるような働き方改革は，これからますます重要となる。これは制度の一つ一つを変えようとしてもなかなかうまくいかず，全体を１つの方向に変えていかなければならない制度補完性にかかわる課題ともいえるだろう。

（2）質の面での豊かさの追求

①　仕事の質の追求

こうした中で，量的な成長可能性だけでなく，質の高さで豊かさを追求していくことも同時に考えていくべきである。

生活の質を考える場合，多くの人にとって最も長い時間を過ごす仕事の質はきわめて重要である。仕事をしている時間は，生活の重要な一部である。こうした仕事の質を考える上で最も大切なのは能力開発である。仕事を通じて，その仕事能力をどれほど高められるか，それは個人に成長の喜びを与えると同時に，結果として賃金の上昇にもつながる。

仕事の能力を高めるには，これからは研修等によるオフ・ザ・ジョブ・トレーニング（OFFJT）も大切になってくるだろう。ただ労働経済学の知見からは，仕事能力を高める場として重要な場であり続けるのは職場であり，職場における，仕事を通じた能力形成，オン・ザ・ジョブ・トレーニング（OJT）の大切さは変らない。

技術や市場など，外部条件の変化のスピードの速ければ速いほど，カリキュラムを作り直したり，教える側の人材を養成したりするのに時間のかかるOFFJTでは対応し切れない。即時的に能力を身につけ直していくのは，職場における能力形成・修正であり，最も効率的であり続ける。

OFFJTは，職場における能力開発をより効率的に行う基礎的な能力を高める，あるいは既に持っている仕事能力を新しい技術のもとでよりうまく活用できるようにするといった点に強みを持っている。

具体的仕事能力はその仕事を通じて高まる性質のものであるとすると，どこかで仕事をしながらその能力を高めなければならない。質の高い仕事の条件というのは，賃金や労働時間，福利厚生など様々であるが，上述のようなことを考えるならば，特にこれからは，今まで以上に仕事を通じてどのぐらい能力を高められるのか，成長する可能性はどのくらいあるのかということこそ，仕事の質を決定的に決める条件になってくる。

②　高質の教育

教育について，変化の大きな時代になればなるほど大切になるのは，新しい変化をきちんと理解し，自らそれに対応できること，すなわち自分の頭で考え判断する力である。

それは，まだ誰も答えを見つけていない問題を見つけてきて，それについて仮説を作り，それを客観的方法で検証して解決策を導く能力だ。これは伝統的な学問の作法に他ならない。つまり変化の時代に求められるのは，本格的に学問をすることなのである。そういう面では，実は最先端の知識を学ぶと同時に，自ら問題を見つけ，それを学問的な方法論に則って研究するという経験を若い時に持つことはきわめて大切である。

もちろん第４次産業革命などともいわれるほど技術変化の大きな時代となり，さらに長寿化によって個人の人生も長くなるから，職業人生の途中で，新しい技術や知識を付加して職業能力をバージョンアップさせる必要性もますます高くなるだろう。このため学び直しのできる教育制度もより求められるようになり，いつでもどこでも学べるという条件の整備も大切になる。ここではオンラインなどを使った新しい教育技術に期待するところも大きい。

また，大学を卒業して職業人になった後に大学院教育を受け，より高度な専門知識を身に付けることも，産業の高度化する時代には重要であり，先進国ではそうした傾向は顕著になっている。これはより高度な教育を受け，所得を増やすという個人的な投資であると同時に，個人の能力向上を通じて社会全体も豊かになり，その生活全般の質も高まるという意味で，公共的な意味を持つ投資でもあり，教育や研究に公的な支出を行う意味もここにある。また，労働者の質の向上や研究成果の活用等の形で恩恵を得るという意味では，企業などもそこに寄付をしていく合理性を持つはずだ。

以上については，第４章「人的資本への投資と活用」において，詳細に論じている。

③　高質の安心，健康（健康寿命，医療），防災治安，安全・快適移動，都市の集積

生活の質を高めるうえで大切なのは，なんといっても良好な健康状態の維持である。昨今のようなパンデミックへの対応もあるが，中長期的にいえば，長寿化の進むなかで，高齢期の健康状態をいかに良好に保つかということである。高齢になっても健康に過ごせるような，健康寿命をどう延ばすかは，これからの生活の質を考えるときにきわめて重要なポイントとなる。

またより高齢の人たちの増える時代には，「治す医療」だけでなく「治し支える医療」の重要性も高まる。こうした医療が地域の中で適切に提供されることも，生活の質という面ではとても重要である。具体的には，それぞれの地域の実情に応じた地域包括ケアの実現は必須条件となる。こうした今後の医療，介護のあるべき姿については，第５章において，詳細に論じている。

また，最近のように，毎年，様々な災害が発生するような時代になってくると，防災の重要性も増している。さらに従来のようなラッシュアワーにもまれて通勤するようなことは本当に質の高い生活なのか。最近のニューノーマルの時代の働き方ということで時差出勤や在宅勤務も進んでいる中で，そのような移動の安全性や快適さも重要な生活の質であることは，とくに大都市圏に住む人たちはあらためて認識されているところである。

一方で，これまでの都市は，混雑や高い家賃など様々な外部不経済を伴いつつ集積してきたものでもある。都市におけるアメニティの集積なども含め，ニューノーマルの時代への要請を踏まえて，それら集積をどのように変化させ得るのかということも課題となる。またそうしたニューノーマルの時代への要請からデジタル化も加速度的に促進されている中で，地方都市における集積を含め，人材の集まる都市の集積の持つイノベーションの触発効果をどのように機能させ得るか，ということも重要な検討課題である。

このことは，都市を含む日本の空間に，世界の中で圧倒的に住むに値するものと思わせるような魅力を付与していくということを意味する。人の作り出す付加価値こそ重要となる時代には，人を惹きつける魅力のある空間でなければ繁栄し得ないということであり，災害やパンデミックに備えのある都市は，その一例である。

世界の人を惹きつける文化的価値を生むのであれば，過度に大きすぎない，多種多様な人材の集まることのできる空間が必要だ。今の日本はそうした条件を失いつつあるのではないだろうか。そうした魅力を生んでいくためにも，人材開発，新規の研究開発に対して，日本の持つ資源を地域間でも再配分していくことも必要だ。それには，社会の制度，たとえば社会保障制度や教育などの効率を高めることも必要であり，それらに関わるデジタル化，データとAIの活用は，それを可能にしていくために重要だ。こうした今後の都市を含む国土，地域経済のあり方については，第７章において，詳細に論じている。

④　高質の自然，気候，自然環境（空気，景観，水質），食の品質と持続可能性

日本の質の高い自然環境は大きな魅力であり人を惹きつける条件となる。この魅力を気候変動の中で，中長期的に維持し，さらに高めていくために，空気，水，景観，植物・動物などの自然環境をしっかりと保全していくことも生活の質の面ではきわめて大切になる。こうした今後の環境保全のあり方については，第８章において，詳細に論じている

日本の魅力となりうる自然環境をさらに良くしていく，あるいは移動の環境などをさらに改善していく，さらに防災・治安をさらに高めていくといったことは，社会全体の付加価値を高めていくことになり，海外からのインバウンド客の誘致はもとより，優秀な人材確保にも大切な条件になってくる。今後の観光立国のあり方については，第９章において，詳細に論じている。

美味しいものを安全に食べられるという食の品質も重要である。これは単に美味しいだけでなく，簡便さ，健康，環境，安全性等の様々な品質や，家族等の関係性に応じ，食をとることの楽しさも大きな価値を生んでいる。一方で，食料生産に伴う健康や環境への経済的な負荷の合計は，食料生産の経済効果よ

りも大きいとの民間の試算もあり，品質には，味や香り，形質等の食品そのものの特質だけでなく，健康増進につながる機能性，減肥料や食品廃棄物の削減等の環境負荷の低減等に関わるものも重要であり，技術革新等を通じて，こうした食品を供給する食料生産システムをより持続可能なものにしていくことも大切である。今後の食料生産のあり方については，第10章において，詳細に論じている。

そうした好ましい日本の環境自体を持続，発展させることによって，観光資源，居住資源として，海外の人たちを惹きつける高い価値，したがって高い価格のものとなっていく。つまり質を高めることによって，高品質のものをより高く売るという形で成長を実現するということにも繋がるのである。

⑤ 高質化は量的成長にも好影響

こうした質を高める形での生活の豊かさを実現することの結果として，量的な経済成長にも寄与しうるということも忘れてはならない。

例えば質の高い教育の条件である新しい知識の習得や学問を実践することによる変化への対応能力の向上，また質の高い仕事の条件である充実した企業内教育訓練などは，人びとの生産性を向上させる。それは結果として生産を増やし，賃金を上昇させるという形で消費を増やすことでマクロ経済の需給両面での量的な成長にも寄与するということになる。

⑥ 地域の生活サービス，連携・効率化（デジタル政府），快適な暮らし，地域活性化

これから少子高齢化により人口が減っていく中で，地域で必要とされる公的サービスを全て公務員によって提供することは難しくなってくる。

労働力を奪い合うようになるような状況下で，公的部門だけ多くの労働力を抱え込んでしまっては，付加価値を生み出す民間経済部門にとって必要な労働力を奪うことにもなる。それは結果として行政サービス含む社会全体を支えるための経済力の低下をもたらしてしまう。

そこでまず必要となるのは行政の効率化である。地方自治体同士の連携によってそれぞれの得意分野を融通し合うことや，今まさに大きな課題になって

いるデジタル化を進めることによる行政の効率化などは待ったなしである。こうした今後の公的分野のデジタル化のあり方については，第３章において，詳細に論じている。

また，少子高齢化の進む中で，とくに若者の視点から，地域社会においてその時々をいかに楽しく充実して快適に暮らせるか，といった「幸福度」，「生活の質」の向上などについても配慮すべきである。特に今後急速に人口減少の進む農山村地域では，間もなく人口が半減，そのうちの過半は高齢者という状況になると見込まれる中，山林や水田等の防災・減災，さらには国境地域や離島での国の安全保障等の観点から，若い人たちにも地域に定住してもらうことの社会的意味はより大きなものとなる。こうした中で，人口の希薄化する農山漁村のインフラ等の管理コストの低減などもはかりつつ，地域独自の風習等の地域性にも留意しながら，地域への人口移動を促進し，地域の生活サービスを確保しつつ，農村の活力を維持・向上する方策を考えていくことも重要である。こうした今後の地域社会と若者については第７章において，さらに今後の農山村地域については第10章において，それぞれ詳細に論じている。

⑦　住民間の相互扶助，自助・共助・公助＋「互助」，一人複役

少子高齢化の進む中で地域で必要とされるサービスを全て公務員に委ねることは難しくなるとすれば，これまで公務員によって提供されていたサービスの一部は，住民同士相互に提供し合うことも必要となる。高齢者の見守り，子育て支援，教育の一部などの分野である。自助・共助・公助に加えて「互助」も大切になるということであり，そのため個人は，働く労働者，家事や子育てをする家族の一員，生涯学び続ける学習者，そして互いに助け合う地域住民といった多面的役割を果たすことになる。

つまり一人の人間が複数の役割を果たすことのできる社会にしなければならないということであり，そのためにも働き方改革は必須の条件となる。こうした今後の地域と公的サービスのあり方については，第11章において，詳細に論じている。

⑧　全てに通じる財源確保

以上のような施策を進めるうえで全てに財源は必要であり，それはできる限り今を生きる私たちの負担すべきものである。将来の世代に豊かな社会を伝えるという意味でも，借金に頼らず，民間資金の活用も含め，将来世代の財政的な負担をできるだけ増やさない財源確保策を図るべきである。これに関する今後の社会保障と財源論については第6章において，詳細に論じている。

3　人口減少・少子高齢化社会を迎える日本と国際経済

本節では，人口減少・少子高齢化社会を迎えた日本と国際経済，特に，通商・投資関係について，論点を整理しておこう。

（1）グローバル化の進展

日本において，人口減少・少子高齢化社会が加速していくにあたっては，通商を通じた外需の重要性が増加し，また，投資を通じた人材や知識，技術の獲得の重要性も増していく。世界経済は，冷戦の終結（1989年），世界貿易機関（WTO）の設立（1995年），中国のWTO加盟（2001年）等を経て，グローバル化が進展し，貿易額が飛躍的に増大した。具体的にはWTO設立の1995年から2017年にかけて財貿易額は3.5倍，サービス貿易総額は3.8倍に拡大している[2]。

また，製品やサービスができあがるまでに，どの国でいくらの価値が加わったかを推計した付加価値輸出については，各国の国内生産に占める割合が，例えば，2005年から2015年にかけて日本を含む各国で高まっており，各国において輸出は自国の経済成長に不可欠なものとなっている[3]。

日本はこのようなグローバル化の流れに対応するため，2010年代に入り，WTOでは，IT機器に関する貿易協定（ITA）の対象品目の拡大交渉に取り組み，2015年12月に妥結させている。また，2015年10月には，環太平洋パートナーシップ協定（Trans-Pacific Partnership Agreement:TPP）交渉を妥結させ，その後，2017年のトランプ政権の発足を受けて，米国はTPPを離脱するも，米国以外との間で，2018年3月に環太平洋パートナーシップに関する包括的及び先進的な協定（CPTPP）が交渉妥結に至り，また，日米間でも2019年10月に日米貿易協定が交渉妥結した。その他，2017年12月には日EU経済連携協定を交渉妥結させ，2020年11月には地域包括的経済連携協定（RCEP）も交渉が妥結した。これにより，大きな経済連携協定は全て交渉妥結し，日本の全貿易の何パーセントをFTAがカバーしているかを見る，FTAカバー率は，約80％を超えた[4]。

（2）国際環境の変化と経済安全保障

グローバル化が進展した結果，自動車産業やIT産業に見られるように，国際的な分業，サプライチェーンの構築が進み，各国経済の相互依存が進んだ。その結果，経済厚生が高まった一方で，経済以外の要因により，サプライチェーンが脅かされるリスクも高まったと言える。米中貿易摩擦は，国際的なサプライチェーンに大きな影響を与え，また，2019年末に始まった，新型コロナウィルスによるパンデミックにより，影響は拡大した。さらに，2022年２月に始まったロシアのウクライナ侵攻とそれに伴う経済制裁は，経済以外の要因，特に地政学的な緊張と経済安全保障が，サプライチェーンに与える影響を決定づけ，冷戦終結以降約30年間続いたグローバリゼーションの１つの区切りを感じさせた。

今後の政策課題としては，日本を取り巻く国際環境の急速な変化，とりわけ地政学的な緊張関係の増大から来る，経済安全保障上の考慮と，人口減少・少子高齢化社会を迎えた日本経済にとって必要な自由貿易との両立をどう図っていくかが，挙げられる。

対応の方向性としては，３点指摘したい。

１点目は，日本と民主主義，自由経済等の価値観を共有し，地政学的なリスクの低い国々との貿易投資関係をより深めていくことが挙げられる。第二次世界大戦後に創設された，WTO（世界貿易機関）の前身である，GATT（関税及び貿易に関する一般協定）も，自由主義諸国間の自由貿易体制として役割を果たしていた。日本は既に米国との間では，日米貿易協定，EUとの間では日EU経済連携協定を締結する等しているが，これらをさらに一歩進めて，自由主義諸国間の貿易投資の自由化を一層促進する協定（第２GATT構想）を検討する価値があると考えられる。

2点目は，貿易相手国をより分散していくことが挙げられる。例えば，2021年には，日本の全輸出額の21.6％が中国向けであり，これに対して，例えば，インド向けは1.7％，アフリカ向けは1.3％に留まっている[5]。貿易協定や投資協定，ODAの供与，政府系機関等による出融資等を通じて，戦略的に貿易相手国を分散させていくことに取り組むべきである。これまで日本政府は，FTAカバー率を政策目標にしていたが，これからは経済安全保障上のリスク等が低い国々への貿易の分散，多様化を政策目標にすることで，むしろリスクが低減し，貿易関係が長期的には安定的に発展すると考えられる。

3点目は，貿易管理，投資管理等の国際的な制度整備をより一層進めていくことが考えられる。これまでも，例えば，冷戦終了後，中国等のWTO加盟（2001年）を認めつつも，それと併存する形で，輸出管理に関するワッセナー協定が創設され（1996年），工作機械など安全保障上，重要な製品等については，国際的な輸出規制が設けられてきた。今後，ロシア等も参加するワッセナー協定等の国際的な取り決めが，今般のロシアによるウクライナ侵攻等により，これまでのようには機能しないことが見込まれる中，輸出規制や投資管理に関する有志国間での新たな取り決めや，国際共同研究等人材交流に関する有志国間での新たな取り決め等を整備し，ルールを明示していくことが，人口減少・少子高齢化社会を迎えている日本にとって，貿易や投資を発展させていく上で，より重要となってくると考えられる。

4　人口減少・少子高齢化社会と労働生産性

本節では，人口減少・少子高齢化社会と労働生産性について，論点を整理しておこう。

（1）労働生産性の趨勢

可能な限り量的成長を維持するにしても，また同時に生活の質を高めていくにしても，その基本は生産性の向上である。生産性の向上なしには，そこからの分配として所得の上昇による豊かな生活も，また余暇時間の拡大（労働時間の短縮）によるゆとりのある生活も不可能である。従って，これからの少子高齢化の進む日本の課題解決の基本条件の一つは生産性の向上にあることは間違いない。

問題はこのところ日本の生産性は伸び悩んでいるということである。**図表1-3**は日本の労働生産性（名目ベース）の趨勢を1970年を基準にみたものである。その伸びは1990年代に入ってから明らかに停滞している。時間当たりの名目生産性は1990年代に入ってから同時に進んだ労働時間短縮もあって伸び続けているものの，一人当たりの労働生産性の伸びはゼロ成長に近い。主要先進国の名目労働生産性の伸びを比較すると，1990年代以降，日本のそれは際立って低くなっており，しばしば日本の労働生産性は見劣りするといわれる所以ともなっている。

図表1-3　我が国の労働生産性（名目ベース）の推移

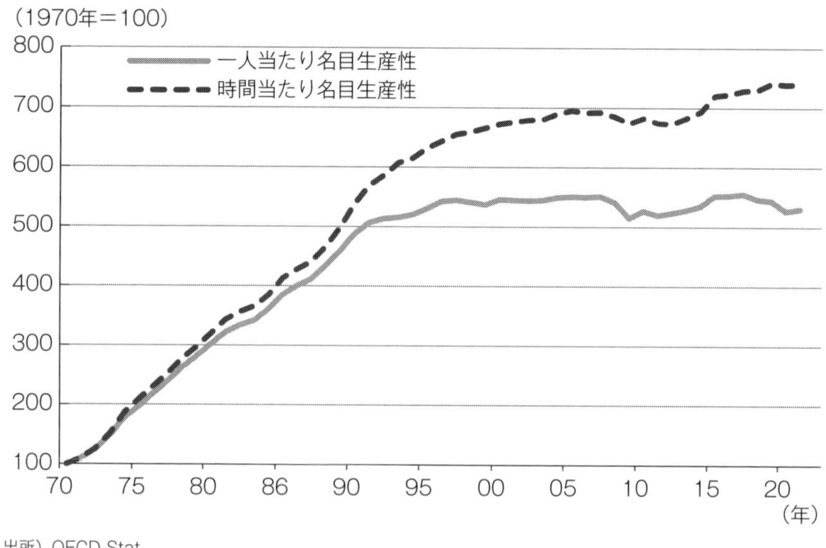

出所）OECD Stat.

他方で，実質ベースでの生産性の伸びは，名目ベースでのそれに比べるとそれほど悪くない。**図表1-4**は日本の労働生産性（実質ベース）の趨勢を1970

年を基準にみたものである。その伸びは1990年代に入ってから一人当たり実質生産性では鈍化したものの，着実に上昇はしている。また時間当たり実質生産性は，労働時間短縮の効果もありほぼ一貫して上昇を続けている。その結果，主要先進国の実質労働生産性の伸びの比較においては，1990年代以降においても，日本のそれは他国と遜色ないものとなっており，日本の労働生産性は国際的に大きく見劣りするほどのものではないとも言えるのである。この背景にあるのは，日本におけるこの間の物価水準であり，後述するように日本の消費者物価デフレーターは，1995年を規準年とすると１割近くも低下しているのである。経済的厚生は実質ベースで測られるものであり，消費者にとって所得は減ってもそれ以上に価格も低下すれば，購入できる財やサービスの量は増えるから，それだけ生活は豊かになったともいえる。

図表１－４　我が国の労働生産性（実質ベース）の推移

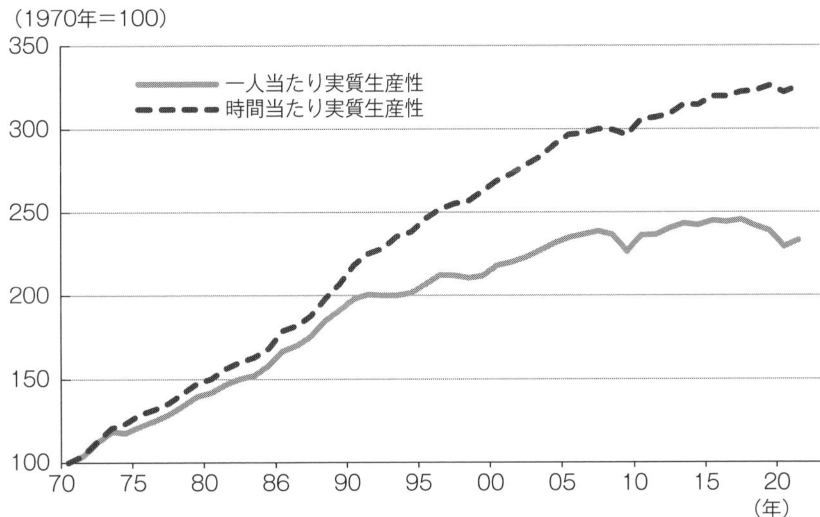

出所）OECD Stat.

（2）価格体系の問題

しかし物価の低下によって実質購買力は増加しても，その結果，さらなる賃金（所得）の低下となれば，個人にとっても，企業にとっても，将来の見通しは明るくない。名目ベースで経済収縮の起きると予想されるとき，少子高齢化の人口減少とも相まって，企業は積極的な投資や雇用拡大は控えるので，ますます経済は縮小してしまいかねない。まさにデフレーションの悪循環（デフレスパイラル）の問題であり，物価の下落によって実質生産性は伸びていると言ってもそれでよしとすることはできない。

むしろデフレを克服し，企業も個人も将来の成長見通しを持ちやすくするには，生産している製品やサービスの付加価値に見合った価格の上昇によって，付加価値生産性も増加していくというスパイラルに転換することが望ましい。とくに日本の問題は国際的に見たときの，「プライシング行動」「値付け体系」に大きな課題を抱えている。また日本の企業の品質力には強いけれども革新力に弱いという特徴のために，値下げにつながりやすい側面もある。とりわけサービス価格の低迷は，**図表1-5**で見ることができるように，国際的に見て異常ともいえる状況である。

図表1-5　サービス物価（除く住宅）の国際比較

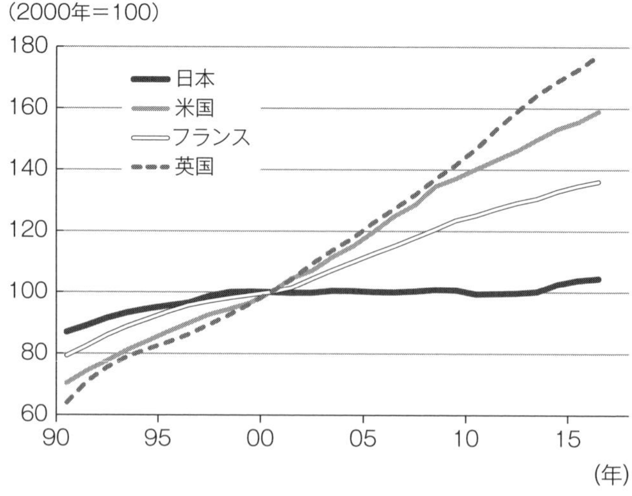

出所）OECD Stat.

図表1-6　日米独賃金物価動向

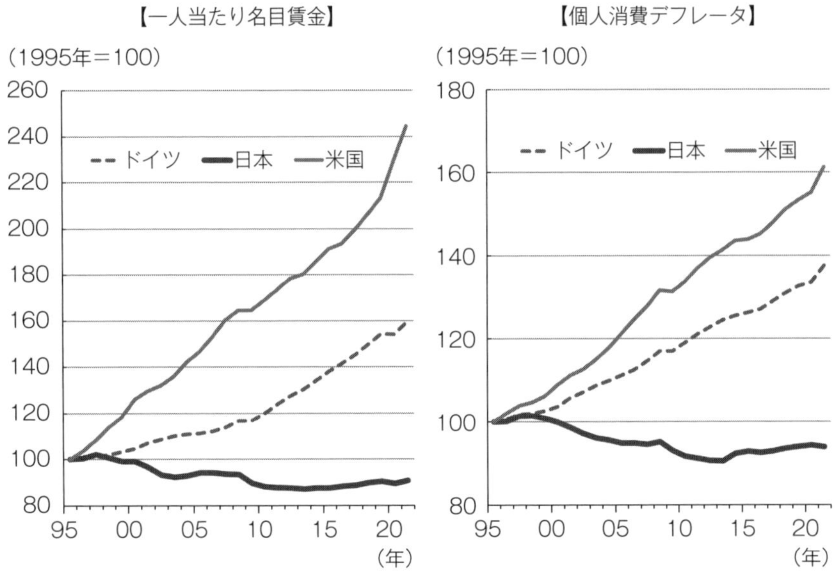

出所）OECD Stat.

このように日本で値上げ戦略が採りにくい背景の一つは，長期にわたる賃金の低迷にあると考えられる。**図表1-6**にあるように，ドイツでは，賃上げ圧力が「価格の下方硬直性」をもたらし，米国ではマクロの賃上げ・ミクロの賃金格差が，分野別における価格変動の多様性を生み出している。結果的に，1995年を基準年として見たとき，名目賃金も個人消費デフレータも日本では低下しているのに，ドイツ，アメリカでは一貫して上昇している。

つまり①消費者重視の「いいものを安く」の値付け姿勢の定着，②産業全体として賃上げ圧力が弱いため，消費者向け価格・企業間取引価格全体の価格体系に上方硬直性の傾向，③競争制限的な産業・中小企業政策が既存事業分野での「過当競争」状態を生み出していることなどから，価格体系の上方硬直性をより強固なものにしている。そしてこれらに加えて，④人口減少により国内市場への成長期待はもう持てないという，必ずしも正しくない認識が，値上げや賃上げを抑える背景要因にあると考えられる。

（3）炭素生産性向上による脱炭素社会実現への取り組みの必要

これからの日本を考える際にもう一つ重要な生産性概念は，炭素生産性（温室効果ガス排出量当たりの付加価値・GDP）である。

気候変動に関する政府間パネル（IPCC）の最新の報告（IPCC 2021）によれば，累積のCO_2排出量と世界の平均気温の上昇は，ほぼ線形の関係である。1850年以降の累積のCO_2排出量２兆3,900億トンに対して，世界の平均気温は1.07℃上昇したとされる。同報告は，産業革命以後の世界の平均気温の上昇を50％の確率で1.5℃以内に抑えるならば，今後の世界のCO_2排出量は5,000億トンに抑える必要があると指摘している（67％の確率で1.5℃以内に抑えるならば4,000億トンと指摘している）。現在の世界のCO_2排出量は，400億トンを超えていると考えられ，このままの排出量が続けば10年程度で5,000億トンの枠を使い切ってしまう。これは，今後排出が許容されるCO_2排出量を予算に例えるカーボンバジェット（炭素予算）という考え方であり，このような科学的知見に基づき行動することが世界的に求められてきている。

カーボンバジェットの存在により，いわば生産要素としての炭素（すなわち，炭素換算の化石燃料投入量）当たりの付加価値を如何に増やしていくか，という炭素生産性が，国際競争上も重要な意味を持ってくる。日本は2050年カーボンニュートラル等を宣言し，脱炭素社会の実現に向けて取り組みを進めているところであるが，日本の炭素生産性は，かつては世界最高水準であったものが近年は低迷しており，今後温室効果ガス削減目標実現に向けても，国際競争力を維持する観点からも，国をあげて炭素生産性の向上を図らなければならない。現状はというと**図表１-７**に見られるように，欧州諸国は炭素生産性を飛躍的に伸ばし，またCO_2排出大国の米国も確実に伸ばしている中，日本の伸びは低い。

図表1-7　炭素生産性推移（左：当該年為替名目GDPベース，右：1995年=1：実質自国通貨GDP）

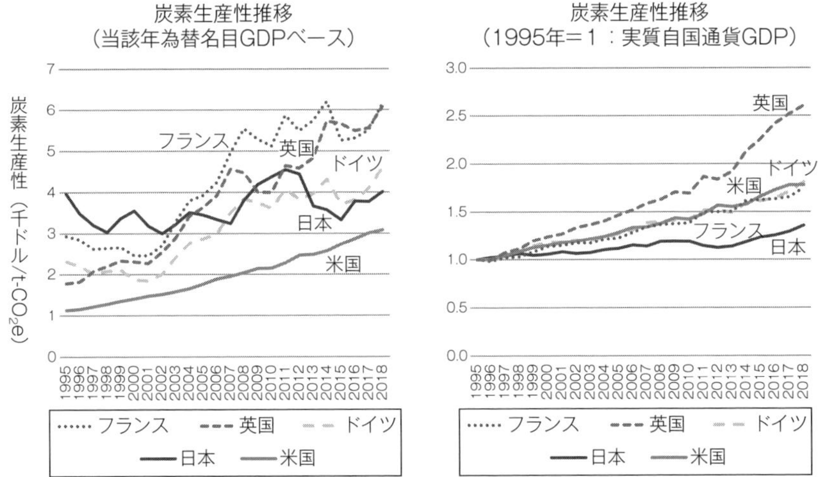

出所）環境省（2017）「長期低炭素ビジョン　参考資料21，23」を筆者修正。元データは，GHG排出量：UNFCCC「Time Series - GHG total without LULUCF, in kt CO_2 equivalent」，名目GDP：IMF「World Economic Outlook Database」，実質GDP：IMF「World Economic Outlook Database」。

図表1-8に見られるように，製造業の炭素生産性は，近年米国にも逆転されており，こうした状況の背景には，生産性を測る際の分子側の要因として，一般的に有形資産投資に比べてCO_2排出量が少ないと考えられる無形資産投資の差も大きく出ている可能性がある。

我が国は，無形資産投資のうち，特に人的資本投資やマーケティングなどの経済的競争能力投資の水準が，他の先進国と比べて低いとされている（内閣府　2022）。主要先進国では，因果関係を示すものではないが，この経済的競争能力投資が高い水準の国は，製造業の炭素生産性の伸びも高い傾向にある（**図表1-8**）[6]。

アメリカの気候先導評議会（Climate Leadership Council）は，「米国経済の相対的な炭素効率は，一次産品から最終製品に至るまでのサプライチェーン全体で明らかであり，コンピューターや電子部品などの一部の産業では，米国の優位性は，製品デザインやマーケティング，広告などの低炭素活動から付加価値を得て完成品を生産することを国内で好むことに起因している」と述べている（Climate Leadership Council 2020 p.4）。

図表1-8　製造業の炭素生産性

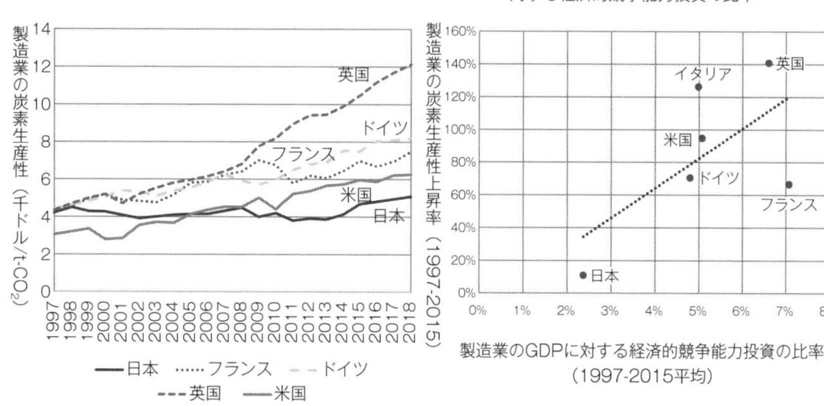

出所）名目GDP：OECD「OECD.Stat」，CO_2排出量：IEA「CO_2 Emissions from Fuel Combustion 2020」，経済的競争能力投資：INTAN-Invest「INTAN-Invest databese」より筆者作成。

日本においても炭素生産性の向上のためには，こうした産業構造からの視点も大切になってくる。これは日本の産業全体の競争力にもかかわる問題である。またそのことは同時に，雇用や人材育成という面での改革も要することを意味し，労働生産性の向上策とも協調関係にあるのではないか。先進諸国間では，労働生産性と炭素生産性には一定の相関関係が観察される（**図表1-9**）。

図表1-9　炭素生産性と労働生産性

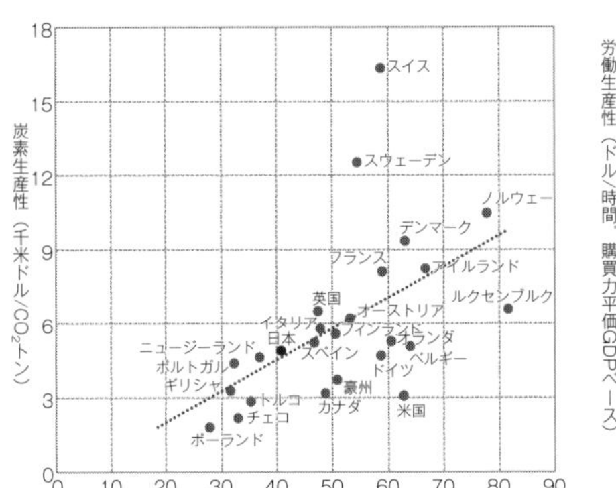

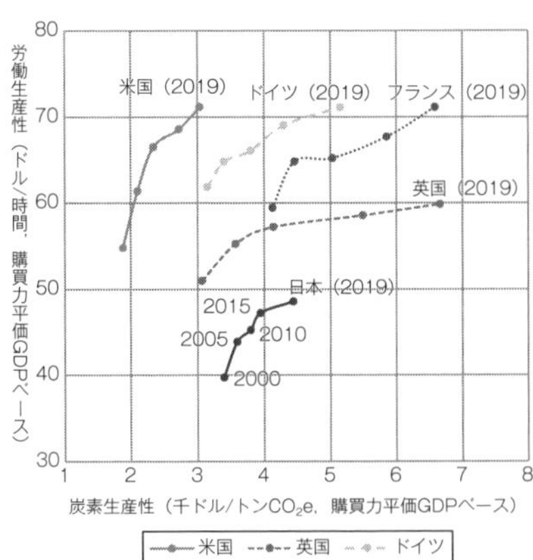

出所）左図：OECD「GDP constant prices, constant PPPs, reference year 2015」，「Average annual hours actually worked per worker」より筆者作成。右図：環境省（2022）「炭素中立型経済社会変革小委員会中間整理　参考資料」。

注

1　本章は，第1節及び第2節を清家，第3節を西脇，第4節（1）（2）を山田，（3）を大倉が執筆した。なお，本章における見解は，執筆者個人のものであり，執筆者が所属する組織としての見解を示すものではない。

2　経済産業省『通商白書』2019年版，117-118頁。

3　同上，118頁。

4　経済産業省『通商白書』2021年版，210頁。

5　財務省「貿易統計」により作成。

6　製造業の炭素生産性については，一般的にエネルギー多消費産業の動向も大きな影響を与える。なお，日本，米国，ドイツの粗鋼生産量は，近年，いずれも横ばい傾向で推移している。

参考文献

（第3節関係）
経済産業省（2019）『通商白書』2019年版
経済産業省（2021）『通商白書』2021年版
財務省「貿易統計」
木村福成・西脇修編著（2022）『国際通商秩序の地殻変動』勁草書房
戸堂康之（2020）『なぜ「よそ者」とつながることが最強なのか』株式会社プレジデント社
西脇修（2022）『米中対立下における国際通商秩序』文眞堂

（第４節関係）
内閣官房新しい資本主義実現会議（2022）「第１回資料５　参考資料（データ集）」https://www.cas.go.jp/jp/seisaku/atarashii_sihonsyugi/kaigi/dai1/shiryou5.pdf
山田久，（2020）『賃上げ立国論』日本経済新聞出版社
山田久，（2018）「生産性向上のための働き方改革～国際比較からのインプリケーション」大橋弘・財務省財務総合政策研究所編著『イノベーションの研究―生産性向上の本質とは何か』金融財政事情研究会
環境省（2017）「長期低炭素ビジョン」https://www.env.go.jp/council/06earth/y0618-14/mat03-1.pdf
The Intergovernmental Panel on Climate Change（2021）*Climate Change 2021　The Physical Science Basis, Working Group I Contribution to the Sixth Assessment Report of the Intergovernmental Panel on Climate Change.* 気象庁「IPCC AR6 WG1報告書 政策決定者向け要約（SPM）暫定訳」（2021）https://www.data.jma.go.jp/cpdinfo/ipcc/ar6/IPCC_AR6_WG1_SPM_JP_20220512.pdf
Climate Leadership Council（2020）*America's Carbon Advantage.* https://clcouncil.org/reports/americas-carbon-advantage.pdf

高部陽平・丹羽恵久・中川正洋

第2章

デジタルの与えるインパクト

1　なぜ，今，デジタルか

（1）従来の「デジタル化」

「デジタル化」という概念は20年以上前から世の中に存在している。従来，デジタルは事務処理の世界，メディア・コンテンツの世界，ないしは小売の店頭といったあらゆる領域で貢献してきた。しかし，これは世の中の一部の変更でしかなかった。

例えばｅコマースにおいては，取り扱う商品を登録して売れるようにすることや，注文に対する発送作業を人間が行っている。つまり，電脳空間へのインプットもアウトプットも，その処理には人間の関与が必須であり，デジタルの影響は限定的だった。

(2) 今起きている「デジタル変革」

近年，IoT／モバイル機器をはじめ，さまざまなセンサーが身近に存在するようになった。これらが位置情報や脈拍数といった膨大なデータを自動で生成し続けている。AI・ロボットがデータを使って人間の代わりにリアルな世界に反応を起こし，一連のサイクルが人の手を介さず回るようになってきたことで，さまざまな領域や業界で大きな影響が出始めている（**図表2-1**）。

特にAI技術によって，シンプルな判断や意思決定を代替できるようになってきている。単一目的で，インプット・アウトプットのバリエーションが固定的な領域では，人間の一部の機能を代替したり，人間の判断・意思決定を高度化したりすることが可能になっている。

一方で，何をインプットにして判断をするかが流動的なケースにおいては，AI技術で柔軟に対応しにくい場合や，必要なインプットが揃わない場合がある。このような領域では，人間による対応がまだまだ続くと見られる。

図表2-1 今起きているデジタル変革

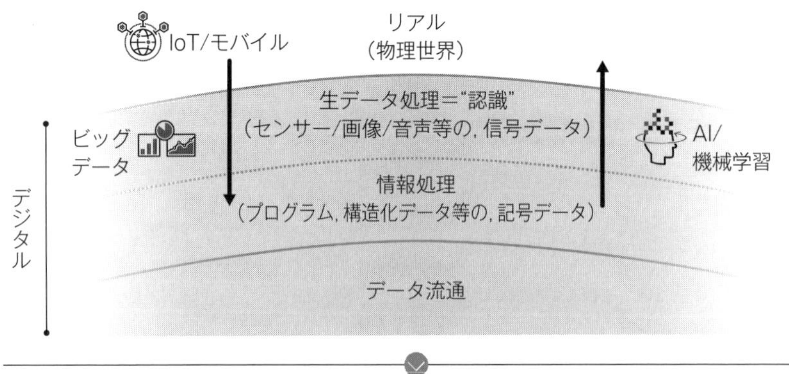

出所）ボストン コンサルティング グループ

今まで対面で行っていたオフィス業務においても，AR/VRやデジタル・ツインといった技術により，人がアバターを使ってそこに存在しているかのようにやり取りできるようになっている。また，物流の世界では，３Dプリンターによって物が再現できるようになってきている。さまざまな原料がガス管のパイプラインのようなものを経由して届き，手元で完成品を作るような世界も想像しうる。人間のコミュニケーションやデータのやり取りだけではなく，物理的な世界とのやり取りも拡張され，より付加価値の高い世界が「デジタル変革」によって実現されてくると想定できる。

2　デジタルトランスフォーメーションとは

（1）10年間でビジネスにおける勝ち組は様変わり

企業の立場から見ると，デジタルはトランスフォーメーション（DX）とセットで語られることが多い。DXとは一般に，デジタルの力を取り込んで企業を変えていくことだ。そしてDXでは，デジタル技術を用いたオンラインサービスの場を提供するデジタルプラットフォームが重要となる。実際，時価総額上位企業の変遷を見ると，この10年間で上位を席巻しているのはいわゆるGAFAに代表されるデジタルプラットフォーマーである（**図表2-2**）。

図表2-2　時価総額上位企業の変遷

2009	Prior decade	2019	Prior decade	2029
#1 PetroChina	n/a	#1 Apple	#11	?
#2 Exxon Mobil	#9	#2 Microsoft	#3	
#3 Microsoft	#1	#3 Amazon	#101	
#4 ICBC China	n/a	#4 Alphabet	#10	
#5 BHP Billiton	#260	#5 Facebook	n/a	
#6 Walmart	#5	#6 Berkshire H.	#26	
#7 CCB	n/a	#7 Alibaba	n/a	
#8 Petrobras	#241	#8 Tencent	#168	
#9 HSBC	#42	#9 J&J	#16	
#10 Alphabet	n/a	#10 Visa	#94	

出所）S&P Global，BCGヘンダーソン研究所分析

（2）デジタルトランスフォーメーションに至る道筋

デジタルはビジネスの世界にどのような影響を与え，トランスフォーメーションにつながってくるのか。例えば，既存のメーカーであれば，歴史的に系列チャネルを持っており，さらに乗り合いのチャネル・量販店チャネルもあり，従来は熟考せずとも顧客（消費者）に製品・サービスを届けられていた。しかし，今ではGAFAのようなプレーヤーがデジタルで顧客接点を席巻している。どこのチャネルを通じてどのような顧客に物を供給していくのかを改めて真剣に考えなければならなくなっている。

加えて，チャネルや顧客接点に関わらず，自社として生き残るためには，商品スペック，オペレーションコスト，顧客体験などの何らかの競争優位性が必要となる。データの活用も含め，会社のやり方全てを見直す可能性・必要性があり，トランスフォーメーションを考えざるを得なくなっている。

企業としては，そもそもコアの事業をどう考えるのかという視点も必要となる。デジタルの新たな切り口でディスラプティブ（破壊的）な事業を立ち上げる，いわゆるデジタルアタッカーも存在する。大企業や歴史のある企業は，エコシステムを通じたアプローチによって，他プレーヤーの顧客接点の活用や，他業態が有するデータによる新サービスの立ち上げ等の広いテーマを併せて考えていくことになる。つまり，より大きなレベルでビジネスモデルを変えていくトランスフォーメーションが起きてきている。

（3）デジタル・AIによる競争軸の変化

DXが進展する裏側では競争軸の変化が起きている。従来，製造業においては経験曲線と呼ばれる累積経験に伴ってコストが下がっていくという現象があり，他社に先んじて次のプロダクトを出して，価格が下がる前にイノベーションを起こしていくことが重要であった。

今後は，人間とAIのすみ分けが進み，複数の時間軸のなかで戦う世界に向かっていくだろう（**図表2-3**）。企業は，日～年単位のそれぞれの時間軸でビジネスサイクルを見ている一方で，AIによるミリ秒単位での高速なデータ処理によって，人間以上に速いPDCAを回していく世界が必ず広がってくる。そして人間の役割は，より長期的な目線でどういったデータ，どのようなテクノロジーを組み合わせて新しい競争力を高めていくのかを考える頭の使い方にシフトしていく。トータルでの競争力を高めていくために，複数の時間軸を意識しながら戦っていく世界に変わっていくと見ている。

図表2-3　次世代の学習する組織

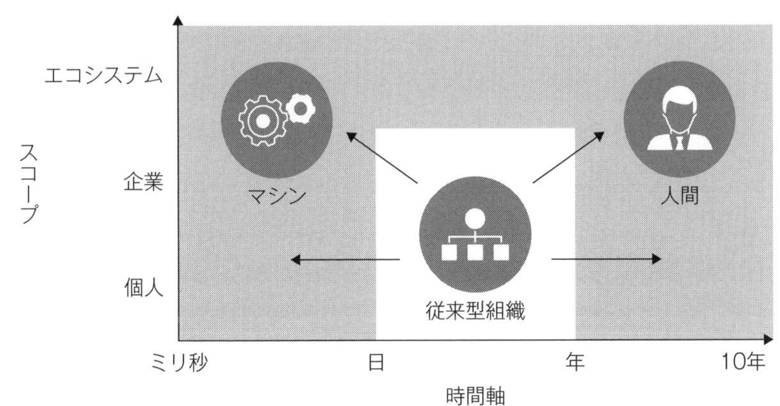

出所）BCGヘンダーソン研究所

3　デジタル変革の成功の鍵とは

(1) デジタルで価値を出すということとは

デジタル変革の打ち手を考えたときに，どのような成功のポイントがあるだろうか。企業の立場で見ると，システム等への投資については部門ごとに毎年精査・ROIを判断しており，個別の投資はやり尽くしていることが多い。一方で，人間がやることを前提にした組織やプロセス自体に大きな無駄があり，プロセスを極端に短くする，組織の在り方を変えてしまうといったプロセス全体の再設計の余地があるケースも多い。また，どの企業も顧客のレスポンスをもらって柔軟かつ迅速に対応するというアジャイルな業務の進め方を追求しなければならなくなっている。デジタルによる価値創出は，エンド・ツー・エンド

（業務プロセス全体でデータやシステムが一元化されていること），顧客・従業員，スピード感の３つの観点が肝要となる。

（２）大手銀行におけるエンド・ツー・エンドでの付加価値創出

具体例としてある大手のオーストラリアの銀行を紹介する。銀行は，口座情報に加えて，入出金のデータを持っている。メインバンクとして使われている場合は，どの企業から給料の振り込みがあるのか，どのような入出金を行っているのかが分かる。それらを総合すると，住宅ローンの審査がほぼ完了できるほどの情報になる。

従来であれば，部門ごとに紙でばらばらに管理されていたこれらの情報を，デジタルによって集約することで，どのプロフィールの顧客にはいくらまで融資できるかを先に査定できるようになる。アプリ上で取引をされた際に，「今だったら3,000万円までお貸しするので，こちらで家を探してみたらいかがですか」といったサービスも実現可能だ。その結果，従来銀行は不動産業者やハウスメーカーから顧客の紹介を受ける側であったのが，家を買いたい人を不動産会社やハウスメーカーに紹介するというように，ビジネスモデルをひっくり返すことも可能となっている。顧客から見ても，従来はローンを申請してから審査が通るかどうか不安な期間を過ごさなければならなかったが，より質の高い顧客体験を得られる。

（３）デジタルによる付加価値

デジタルを使うとさまざまなことが安くできるというイメージがある。しかし，デジタルは必ずしもそれだけではない。データを活用して，需給の有無やひっ迫度合いも把握できる。例えばUberのようなサービスでは，プライシングは必要なニーズに応じて動的に変わる。デジタルは価格の最適化，需要と供給のマッチングを最適化すると捉えると，その価値を捉えやすい。

4　DXは日本では進んでいないのか

（1）日本企業の現状

デジタルへの対応は，日本では進みが遅いとも言われている。実際に，デジタルにどう取り組んでいるかについて，アンケート調査の結果を紹介する（ボストン コンサルティング グループ 2020a）。

グローバルにおいては，デジタルが非常にクリティカルなものであると捉えている企業の比率が33%，顧客志向の取り組みに焦点を当てている企業が90%にのぼる。また，これをリードする人材はCIOやテクノロジー担当者ではなく，事業側がテクノロジーを使ってリードしている。一定の成果を早い時間軸で出しながら次の再投資をしていくセルフファンディングの発想が多い。

一方で，日本企業の場合には，事業構造の変化がデジタルによって大きく変わっていくという見方が浸透しておらず，その重要性が十分に理解されていない。デジタル化のテーマも顧客視点やデジタルマーケティングが多く，顧客の接点のところから徐々に取り組みが進んでいる例が多い。デジタル技術を使っていくという発想についても，AIの活用に対する重要性，データサイエンスに関わる人材の活用・組織づくりの重要性が，グローバルと比較して比率が低い。

（2）日本企業におけるDX推進体制

ビジネスで結果を出すためには当然事業部門による推進は大事になってくるが，日本においては特定の事業部門のリーダーがリーダーシップを持ち，DXの推進の責任を負う比率が高い。

また，日本の場合はある領域に閉じた責任者・役員等がデジタル化の推進を担当する企業が15%程度あり，局所的な取り組みにとどまりやすい。デジタル投資によって，事業や企業のなかのバリューチェーンが横断的に変わる可能性があるなか，サイロ化された投資で効果を得るのは難しい。

セルフファンディングという点についても，グローバルの約80%に対して，日本では55％程度にとどまっている。自分で短期に成果を出しながら次の投資の原資を確保するというサイクルを確立する余地がある。

5　新型コロナでDXは加速するのか

（1）新型コロナの経済活動への影響

デジタル変革の進展が新型コロナの影響でどう変わるのか。前提として，新型コロナの業界構造を超えた社会への影響は大きく，特にデータと物の移動が圧倒的に増えた一方で，人の移動は減っている。

企業の立場としては，従来の対面チャネルが活用しづらくなっているなかで，顧客から見て信頼できるデジタル接点を持っているかが重要となる。リアルなチャネルに依存せず，信頼できる，使えるデジタルデータを持っていることが競争の源泉となっている。

例えば，Amazon Goのような無人決済店舗サービスでは，店に行って二次元バーコードを使うと，精算処理なくそのまま店から出て来られる。非常に不思議な感覚ではあるが，オペレーション側を見てみると，店舗の中では棚に商品を補充する人がおり，従来と変わらない。ただ，レジのスタッフがいなくなっていて，その代わりに迷った顧客をサポートするヘルプデスクのような役割のスタッフが店頭に立っている。テクノロジーを普及させるためには，さまざまな利用者がテクノロジーに慣れて使えるようにサポートする役割が増えていく可能性もある。

（2）DXへの投資は加速

新型コロナによってデジタルの接点やサービスが加速度的に増え，投資が２～３年前倒しされたと見ている企業も多い。実際にアンケートでは60％程度の企業がデジタルの取り組みへの投資を拡大しているという（ボストン コンサルティング グループ 2020a）。

デジタル投資は業界を問わず拡大しているものの，消費財・エネルギー・製薬・金融機関など，消費者に近い業界でより比率が高くなっている。産業財などのモノづくりのサイクルが長く，顧客接点から遠い業界においては，35％ぐらいが投資を増加させると答えているが，全体からするとやや低めである。ただし，いずれもデジタルが重要だから盲目的に投資するということではなく，投資対効果へのスクリーニングはより厳しくなっていくと推察される。

投資を増やすこと以上に，トランスフォーメーションの加速が緊急であると答える企業の比率が非常に高まっている。業界問わず70％ぐらいの企業において，緊急度の高い案件としてデジタルが出てきている。トランスフォーメーションの実現にあたっては，働き方やデジタルマーケティング，顧客接点，リモートでの労務管理，セキュリティ等の領域の優先順位が高い。

（3）新型コロナで加速する消費者の変化

消費者の動きにおいては，デジタル×リモートという領域が増えている。金融サービスを中心にしたアンケートにおいては，新型コロナをきっかけに銀行の窓口，対面やATMの利用度は２～３割程度下がっていた（ボストン コンサルティング グループ 2020b）。また，銀行のアプリやキャッシュレスの利用意向・実際の利用度が５割程度上がっている。ATMでまとめてお金を下ろしていたのが，キャッシュレスでは都度決済が主となり，利用の回数が増えていることも背景にあると思われる。

（4）経営と働き方の変化

新型コロナによって従業員の働き方を大きく変える必要が出てきている。多くの企業で働き方の再設計が行われているが，下がったオフィスコストをどのようにリアロケーションしていくのかもポイントとなる。

サプライチェーンにおいても同様で，デジタルで物の流れが追えるようになれば，オペレーションの自動化，需要予測の高度化，経営陣のデータドリブンでの意思決定などが実現できる。事務的なオペレーションについても，単一処理のRPA（ロボティック・プロセス・オートメーション）への置き換えだけでなく，ロボットのいくつかの作業をまとめ，ロボット自身が管理できるようになってきている。

取締役会等の会議も含めてリモートに移行するなかで，経営の意思決定の在り方も大きく変わってくる。移動時間と場所の制限から解放されるため，どのタイミングでどう意思決定していくのか考える必要がある。

6　DXを成功に導く経営の在り方とは

（1）デジタルを推進する組織と体制

デジタル変革を成功に導くためには，組織として何を考えなければいけないか。多くの企業では，デジタル組織を立ち上げ，チーフデジタルオフィサーを置く。この場合，新たなデジタル組織では新たなデジタル事業を作ることのみを専門とし，そこで生まれたもので既存のビジネスを置き換えていくという発想が鍵となる。既存の組織の事業部門のみにデジタル化のミッションを負わせても，既存のビジネスやプロセス，組織を破壊することはなかなか難しい。一方で，デジタル組織にそのミッションを負わせても，既存のビジネスから遠過ぎて進めることが難しい。したがって，それぞれの組織のミッションは明確に分ける必要がある。

また，新たなデジタル組織はあくまで新たな価値観・スキルを持った人材を受け入れる受け皿として設置し，異なる人事制度や報酬制度を用意する必要がある。既存の事業部門は既存の組織の変革を担う人たちを輩出する組織として捉え，２つの新しい人材がコラボレーションして新しいものを作っていく流れを，企業のあらゆるところで起こさなければならない。この考え方は，以前からあるオープンイノベーションの概念にも非常に近い。

（2）アジャイル経営の必要性

大企業としてガバナンスをどう考えるべきか。ベンチャー企業で社員が10人であれば，そのチーム全体が企画チームであり，経営陣であり，事業部なり管理部門でもあって，意思決定が非常に容易である。一方で，大企業の姿を見ると，実行チームに対して，レポートラインがあり，管理部門のチェックが入り，経営会議という意思決定の場が一定のサイクルでやってくる。実行チームとして答えが出ている場合であっても，レポートラインや経営会議を通していくため，それぞれの承認を得るのに平気で１～３カ月要する。技術の問題ではなく意思決定のガバナンス構造の問題である。

アジャイルな働き方を取り入れて，その経営形態を変えていくような例が最近出てきており，経営判断の仕方，物のマネジメントの仕組み，企業の在り方や働き方も変わり始めている。アジャイル経営における経営者は，単年度のPL/BS等の管理も行うが，どこにお金を出すか，人を出すかという投資判断も行っている。

（３）DXを実現する人材育成

新型コロナによりいやが応でもDXに取り組まざるを得なくなったという声は多い。今後，揺り戻しが予想され，どこを元に戻すか戻さないかといった議論が出てくるであろう。ただ，そのなかでももうDXなしの世界はなく，どの業界・職種においても意識せざるを得ない。そのためには人の役割が変わるだろう。今まで日本では，言われたことを正確に速くやるといった武士道精神的なスタイルが礼賛されてきた。しかしこれからは，経営層はより長期的な視点で物事を考えることを意識しなければならないし，企業全体としてそういったカルチャーを作らなければならない。

コロナ禍はいつか終息するだろう。しかし，生き残れる企業は，これを機会と捉え，そのカルチャーを変えていくような企業である。カルチャーは，社内の規程を変えたところで変わるわけではない。誰かがリーダーシップを発揮しながら模範を示さねばならない。既存事業に対して，データ等の新しい視点を持ち込み，効果的にコラボレーションすることで新しい価値が生まれるが，その橋渡しをする人が組織には少ない。複数の価値観や文化を踏まえ，それぞれの良いところを引き出せるような仕事ができる人材が少ないという問題意識が高まっている。

7 行政のデジタル化

（1）政府データの不十分さ

今般のコロナ禍で実感したのは，日本には使えるデータが少ないことだ。特に行政のデジタル化が非常に遅れている。ただ，データが揃っていなくても今できることがあり，少しでもデータに基づいた意思決定をした方がよい。

政府の取り組みについても，マイナンバーのような基礎となるデータの整備は，さまざまな取り組みを実現するための土台としてやらざるを得ない。データ整備を行うことで可能となる取り組み（ユースケース）を特定し，それらのユースケースの効果を算定することで，ビジネスケースが成り立つことも多い。実際，民間においても，ID整備のみではビジネスケースが成り立たず，ID整備によって実現できるいくつかのユースケースを加味して投資の意思決定を行っているケースが見られる。

（2）健康保険のICT化

健康保険のICT化においては，国民皆保険で1億2,000万人全員が加入する健康保険について，一人一人の私書箱のようなものを作り，治療の履歴，請求書，健康診断のデータなどを入れようとしている。個人がマイナンバーカードで引き出して，自分の信頼できる医療機関に見せるということで診療に役立てようとしている。

ところが，健康診断のデータを集めようとしても，データ形式がばらばらで全然集まらないという課題がある。例えば事業主の定期健診は各企業，学校健診は各学校主体であることに加え，地域でのがん検診も存在する。

データ活用のためには，一定の強制力を持ちながらデータ形式を統一化していくとともに，使い道にあわせたルール整備が必要となるであろう。例えば，企業の会計や法令・規制に伴う報告等は厳密なものが求められる一方で，顧客コミュニケーション方法を検討するために使う接点履歴のデータについては，必ずしも精緻なデータが必要ではない。使い方や目的や頻度によってどのようにデータを蓄積するのか，データ構造の厳密性などを検討する必要がある。

8　日本におけるデジタル化の格差を縮小するために

（1）中小企業

日本の場合，大企業の一部にはデジタル化がかなり進んでいる例もあるが，中小企業ではまだ道半ばである。企業間の格差を今後どのように是正していけばよいか。例えば，データサイエンス人材を採用する場合には，蓄積されたデータ環境や，その他条件を含めてよりよい環境が用意できる可能性の高い大企業の方が，よりよい人材を引きつけやすい面がある。

一方，中小企業にも工夫次第で優位に立てる余地がある。大企業では領域別の投資は細分化されており，何十億円の予算に対し，１つの案件には2,000万～3,000万円しか使っていないというケースがある。中小企業がある領域やテーマに集中して投資ができれば，大企業の中途半端な投資よりも大きな投資となる可能性もある。投資のメリハリづけが重要であり，資金調達を含めてどう対応するかも肝となる。リースのようなモデルも検討余地があり，オペレーションが効率化することを前提に，利用料を払って共同で取り組むなども一案である。

（2）社会保障

日本の税や社会保障に関するデジタル化は他の国と比べると十分に進んでいない。低所得者対策を求められながらも低所得者が特定できず，給付金を定額で配布するということが起きている。解決しようとしても，プライバシーの侵害であるという形で各所から指摘を受ける。1980年代にグリーンカードという形で資産，貯蓄等を銀行の口座を通じて把握する施策は法律まで通ったが，これも実現しなかった。

企業と議論をするなかでも，顧客が自ずとデータを提供したくなる仕掛けが作れないかは大きな論点となる。企業の立場としては，政府以上に強制的なデータ収集が難しいため，個別のデータ提供に対してインセンティブを持たせる発想が必要となる。

例えば，保険会社では，顧客情報を顧客自ら変更した場合にポイントを付与する等の仕組みが出てきている。ただ，保険会社単独ではそのポイントの使い道が少ないため，小売業と組んで使い勝手を上げることも必要となる。

（3）農業

農業の分野では，高齢者のリタイアに伴い貸し出す農地が増え，農地は貸し手市場から借り手市場へと変化している。また若者の新規就農の動きも堅調である。今後は，条件の悪い農地ほど耕作放棄になりやすいなど，集積される農地の質の問題等もあり，農地の集約化の取り組みを加速化するためには，一層の工夫が必要である。

農業におけるデジタル化の活用余地としては，生産現場のデジタル化，生産と消費をつなぐデジタル化，そして行政サイドのデジタル化の大きく３つの切り口が存在する。

第１の生産現場のデジタル化は，経営者の意思決定の迅速化につながる。農業の経営規模が大きくなるなかで，生産現場は複数のユニットに分かれて農作業をすることになるが，デジタルを活用すれば，ユニットごとの作業の状況を現場に行かなくても把握でき，作業が進んでいるところから作業が遅れているところへ迅速にスタッフを移すことも可能となる。

第２の生産と消費をつなぐデジタル化は，付加価値向上につながる。消費者の動向に敏感な生産者は，需要に応じた生産をして販売先を開拓する。生産から消費までの間には卸や小売があり，生産者には消費者の動向が把握しにくいが，デジタルによって，消費者の動向が直接的に生産者に届き，それを取り入れることで付加価値のある生産に取り組むことができる。自動走行トラクタやデータ集約等を行えるスマート農業技術を活用し，営農活動のデジタル化だけでなく，流通・消費も含めたフードバリューチェーンのデジタル化による価値創造や環境保全も期待できる。

第３の行政サイドのデジタル化については，例えば行政への申請書類がデジタル化されれば，経営者の労力を経営に集中できることになる。衛星画像等のデータから，生産者がどの程度の敷地面積を管理し，どの程度の収穫があるのかが分かると，手続きの負荷が相当省けるのではないか。

（4）教育

デジタル化を実現する上では，リカレント教育，初等中等教育の２つの観点が重要である。

大学の理事長や学長などの経営者との議論のなかでは，学生の生涯を通じて長くつながりを維持するために何ができるかという課題認識が見られる。例えば，卒業後もサブスクリプションのように講義を提供するといったことも出てくる。また，育休中の人に対してリモートでリカレント教育を実施することで，就労期間にブランクが空いてしまうことによる不安を解消しつつ，スキルアップの支援もできる。

２つ目の初等中等教育については，未来の教室等のEdTechやSTEAMを推進していくべきである。GIGAスクール構想でPCやタブレットを配布しているが，機能制限をかけるという動きがあり，単に授業だけで触るものということになると，デジタルネイティブからまた遠のいてしまう。

（5）公共機関

特に教育機関，大学，医療機関，行政機関等において，DXを進める際には，民間以上にボトルネックがある。民間の場合はそれなりのインセンティブもあるので，取り組みやすい。しかし，公共機関はそもそもオペレーションが効率的ではないこともあり，民間企業以上のスピードでDXを行うのは困難なのではないかと難儀するところがある。北欧でも電子政府（e-Government）の構築に20年近くかかっているが，日本には20年も待っている余裕はない。

公共機関におけるDXの難しさは３点ある。１点目は，本質的に競争にさらされていないのでやる必然性・緊急性がないという点である。

２点目は，学校や，役所に対する固定観念からくる期待値の低さである。国民に対して，このようなことができるというリテラシーも含めた期待値を上げていく必要がある。

３点目は，変えたところで人事面の配置転換・出口施策が難しいという議論になりがちという点がある。民間企業においても同様の課題があり，価値を生む仕事に人をシフトすることが必要となるが，あらかじめ行き先を準備しておかなければ現場がDXを受け入れられない。

（6）食

食は人類に必須であるとともに，飢餓や不健康，自然環境破壊といった数多くの社会課題と密接につながっている概念でもある。課題解決にはデジタルを大いに活かせるがゆえに，デジタル化を早急に進展させねばならない分野だ。

食の分野には特に３つの重要な要素がある。環境も含めた持続可能性，健康などのヘルスケア，エンターテインメントとしてのポジティブな感情の３つである。この３つの要素がうまく組み合わさって初めて食というものが考えられるが，この内，「環境」や「健康」といった概念は定量化できるためデジタル化との親和性は高い。また，３つ目の「エンターテインメント性」や「ポジティブな感情」は，どのようにデジタル化していくのかは検討が必要であるが，食の付加価値として重要である。

たとえば，社会的な意味合いやゴール達成を目標に置いたゲーム設計をしながら，CO_2の量が減っているといったことがひと目で分かるなどの設計ができれば面白い。環境問題も含めた取り組みをゲームのように取り込んで国民に浸透させていく発想は面白い切り口かもしれない。

参考文献――――――――――

ボストン コンサルティング グループ（2020a）「デジタルトランスフォーメーションに関するグローバル調査」https://web-assets.bcg.com/75/78/b70d54ef44cb963b8ad3d7e22c72/bcg-digital-transformation-survey-2020.pdf

ボストン コンサルティング グループ（2020b）「COVID-19による顧客行動 変化：金融サービス」https://web-assets.bcg.com/bb/84/cb0f048740e7a054ccfa5dee8e01/2006111-bcg-retail-banking-consumer-survey-jpn-deck.pdf

森信茂樹

第3章

デジタル・セーフティネットの構築と給付付き税額控除

1　マイナンバー制度とデジタル・ガバメント

(1) マイナンバーは手段，目的ではない

2016年12月に「官民データ活用推進基本法」が成立し，官民データ活用の推進が政府に義務付けられた。2017年５月には「デジタル・ガバメント推進方針」が策定され，行政の在り方をデジタル前提で見直すデジタル・ガバメントの実現を目指すこととされた。しかし後述するように，コロナ禍でのさまざまな給付金の支給遅延や不正受給などわが国のデジタル基盤のぜい弱性が露呈し，あらためてデジタル・ガバメントの見直しが行われ，2020年12月に，新たな「デジタル・ガバメント実行計画」が閣議決定され，デジタル技術を活用した新たな行政サービス，政府情報システム予算・調達の一元化やクラウドなどの先端技術の活用に向けた検討が進んでいる。また2021年９月にデジタル社会の司令塔として，総合調整機能を有するデジタル庁が設立されるなどデジタル・

ガバメントに向けた動きは新たなフェーズに入った。

デジタル・ガバメントの基礎をなす社会インフラはマイナンバー制度である。デジタル・ガバメント構築のためには，マイナンバー，マイナンバーカードの国民全員への普及が欠かせない。マイナンバーカードは，電子的な本人確認が可能なICチップを搭載しており，これを活用することによってはじめて，「民間」「国民（一人ひとり）」「政府」がつながり，様々な行政サービスや民間との連携したサービスが可能になるからだ。

一方，マイナンバー（番号）は，あくまで本人確認を効率的に行うための「手段」，ツールである。重要なことは，マイナンバーという手段を活用しながら，どのような国民利便のための「政策」や「制度」を構築，国民に提供するのかということである。マイナンバーカードの交付枚数は8,500万枚（2023年1月末）と国民の３分の２になった。いまだポイントの付与などによりカードの取得促進を進めている状況であるが，マイナンバー制度を活用した国民のセーフティネットの構築など国民利便のための活用を目指していけば，国民がカードを入手しようということにつながっていく。

そこで，本章では，マイナンバー制度を活用して，どのような国民利便の制度を構築していくかという観点から，いろいろな問題点や課題などを述べてみたい。その際，（筆者の造語であるが）「デジタル・セーフティネット」をキーワードとして考えてみたい。

（2）コロナ対策で活用されなかったマイナンバー

マイナンバー制度が国民から改めて注目されたのは，新型コロナ問題で，国民全員に配る特別定額給付金の支給である。迅速な給付を目指したが，多くの自治体で遅延の問題が発生し，マイナンバー制度の問題点が改めてあぶりだされた。デジタル・ガバメントを標榜しマイナンバー制度の導入などを進めてきたわが国だが，いざそれを活用するとなると，自治体ごとのばらばらの設計や，中央官庁の縦割りの組織などで，緊急時には役に立たないことが国民の目にも判明したのである。

コロナ禍でマイナンバーが活用されなかった最大の理由は，マイナンバーを活用できる範囲が，「税」「社会保障」「災害」の３分野に法律で限定されており，予算措置だけで対応されたコロナ給付金（特別定額給付金）はその範疇に入らず，利用事務に該当しなかったということである。

ちなみにこの点については，「公的給付の支給等の迅速かつ確実な実施のための預貯金口座の登録等に関する法律」第10条で，「内閣総理大臣は，①国民生活及び国民経済に甚大な影響を及ぼすおそれがある災害若しくは感染症が発生した場合に支給されるもの又は ②経済事情の急激な変動による影響を緩和するために支給されるもの，を特定公的給付として指定し，特定公的給付の支給に係る情報について，マイナンバーを利用して管理することができる」とし，マイナンバーを活用した所得情報と社会保障以外の給付についても情報連携が法律上可能となった。

この反省から，急遽2020年６月に菅官房長官の下「マイナンバー制度及び国と地方のデジタル基盤抜本改善ワーキンググループ」（以下，「ワーキング」）が立ち上がり，筆者もメンバーとして参加した。月一回程度の議論を経て，2020年12月11日に報告書「マイナンバー制度及び国と地方のデジタル基盤の抜本的な改善に向けて」（以下「報告書」）と，新たな「工程表」を了解し，21日の閣僚会議で正式決定された。この「報告書」には，今後の指針ともなる様々な考え方が書かれている。

（3）マイナンバー制度とは何か

マイナンバー（社会保障・税番号）制度は，2016年１月から，税務・社会保障・災害の分野で，「公平・公正な課税」や「社会保障負担・給付の公平化・効率化」という２つの目的での活用が始まった。

この制度は，マイナンバー（番号），マイナンバーカード，マイナポータルという３つの社会インフラからなる。

マイナンバーは，正式名称が社会保障・税番号で，その用途は税務・社会保障・災害の３分野に限定され，公平・公正な課税や社会保障負担・給付の公平化・効率化に活用される。マイナンバーの本質は，国民一人ひとりを識別するためのツールである。プライバシーなどの観点から利用範囲が法律で限定され，不正使用などには厳しい刑事罰も用意されている。利用範囲については，マイナンバー法附則第６条第１項で，「政府はマイナンバー法の施行後３年を目途として，マイナンバー法の規定について検討を加え，必要があると認めるときは，その結果に基づいて，国民の理解を得つつ，所要の措置を講ずるもの」とされており（施行後３年後見直し），現在戸籍事務への拡大等更なる活用にむけた検討が行われている。いずれにしても法令で定められた分野でしか利用できない。

次にマイナンバーカードである。これは，本人確認のための身分証明書に使えるだけでなく，カードに搭載されたICチップによって，公的個人認証用の符号を用いてさまざまな電子的な活用が可能となる。いわばオンラインにおける本人確認の手段で，「デジタル社会の基盤となる社会インフラ」である。マイナンバーを使うのではないかという誤解があるが，番号そのものを使うわけではないので，プライバシーの問題を克服することができ，民間の創意工夫によりその活用範囲を広げることができる。すでに身分証明書としての利用，個人番号を確認する場面での利用（就職，転職，出産育児，病気，年金受給，災害等），市町村，都道府県，国の機関等による付加サービスの利用，電子証明書による民間部門を含めた電子申請・取引等における利用などが始まっている。これから述べるマイナポータルを活用して，さまざまな民間との情報連携をすることで，利用範囲が飛躍的に拡大する。

３番目のインフラは，17年11月から本格運用が始まったマイナポータルである。マイナポータルは，インターネット上に個人ごとに設けられるポータルサイトで，マイナンバーカードをリーダーに読み込ませて，パスワードを入力して活用する。自らの特定個人情報の確認や，行政からのさまざまなお知らせを受け取ることができる。行政機関（「官」）のお知らせ機能だけでなく，民間送達サービス機能の搭載や電子決済機能等の提供も行われ，「民間」「国民」「政府」の３者が効率よくつながる「情報ハブ」としてさまざまなサービスが可能となる。

このように３つのインフラからなるマイナンバー制度だが，税務情報（所得情報）と社会保障給付の情報連携による「社会保障負担・給付の公平化・効率化」という点で見ると，支払調書への付番など課税面における国民から政府への一方的な情報提供（「公平・公正な課税」）への活用のほかは，生活保護事務への活用など限定的で，連携は十分とは言えない状況である。その理由は，双方をつなぐ国民利便の制度や政策が構築されておらず，連携のインフラが整備されていないためである。

（4）カギを握るマイナポータル

税（所得情報）と社会保障の連携を進める上でカギを握るのは，マイナポータルである。マイナポータルの活用は，番号そのものを使うわけではないので，マイナンバーのような厳しい使途制限から解放される。したがって，民間の知恵により活用範囲が増えるというメリットがある。

具体的には，民間送達サービス機能を通じてのAPI（アプリケーション・プログラミング・インターフェース）連携により，本人同意の上で民間事業者と直接つながることができるので，さまざまなサービスが可能になる。

すでにe-Taxの分野においては，銀行や証券会社，さらにはふるさと納税のプラットフォーム企業などとの情報連携が開始されており，それを税務申告につなげ納税者利便に役立っている。今後，個人の生活設計に欠かせない給与情報や年金情報などをマイナポータルに集約し個人の家計簿という機能を持たせれば，年に一回の税務申告の利便性向上だけでなく，国民は頻繁にポータルを開くことになる。

実はこのような機能は先進諸外国にも見当たらない。その理由は，先進諸外国では，「国民」と「政府」を直接オンラインでつなぐ仕組みが出来上がっており，国民全員に設置したポータルを通じて（間接的に）「政府」とつながるという仕組みにはなっていないためと思われる。

繰り返しになるが，マイナポータルの活用は，民間の知恵や工夫が生かせる分野で，新規事業や雇用の創出など新たなフロンティアを広げていくことによりさまざまサービスが可能になる。マイナポータルを使いやすくすれば，国民に，国や自治体と「つながってる感」が醸成され，デジタル政府・デジタル社会の下での安心感につながっていく。

筆者が強調したいのは，ポータルを活用して，デジタル時代のセーフティネットである「デジタル・セーフティネット」が構築できるということである。そのためには，仲介型プラットフォーマーから，フリーランス，ギグ・ワーカーの収入情報をポータルと連携させることが必要となる。

2　フリーランス，ギグ・ワーカーのセーフティネット

(1) 増加するフリーランス，ギグ・ワーカー

わが国の働き方改革が進んでいく中，自分スタイルで働くことができ，時間や場所を自由に選べるなど利点が多いことから，フリーランスが増加している。また，コロナ禍の下で，インターネットのプラットフォームを通じて，短期・単発の仕事を請負う個人であるギグ・ワーカーも近年急増している。ここでは，彼らもフリーランスに含めながら議論をしていきたい。

フリーランスについての労働法制上の定義はないが，内閣官房の「フリーランス実態調査結果」（令和２年５月）では，「自身で事業を営んでおり，従業員を雇用せず，実店舗を持たない農林業従事者を除く者」とされている。この調査結果では，収入の安定度が低く，平均所得もそれほど高い水準ではない実態が見て取れる。もっとも，競争力があり高収入のフリーランスも存在しており，全体ではＵ字型の所得分布をしている。

(2) 貧弱なセーフティネット

彼らの特徴的なことは，事業や事務所に使用され賃金を支払われる者である「労働者」（以下，被雇用者）ではなく個人事業者となることから，被雇用者とは異なる自己責任型のセーフティネットとなっていることである。

例えば業務上の病気・ケガをした場合，被雇用者であれば事業主が全額負担する労災保険により医療給付や休業補償が行われるが，フリーランスの場合は一人親方で特別加入している場合などを除き労災保険は適用されない。

また失業した場合，被雇用者には事業主と折半する雇用保険で失業中の所得保障があるが，フリーランスには「休業」という概念が想定しにくいため，そのような保障はない。

さらには，妊娠・出産による休業中の所得保障についても，被雇用者であれば健康保険から出産手当金が支給されるが，フリーランスの加入する国民健康保険では，保険者である市区町村の判断次第となっている。

図表3-1　フリーランスとしての年収

・主たる生計者が本業として行うフリーランスの年収は，年収200万円以上300万円未満が19%と最も多い（被雇用者としての年収と同傾向）。

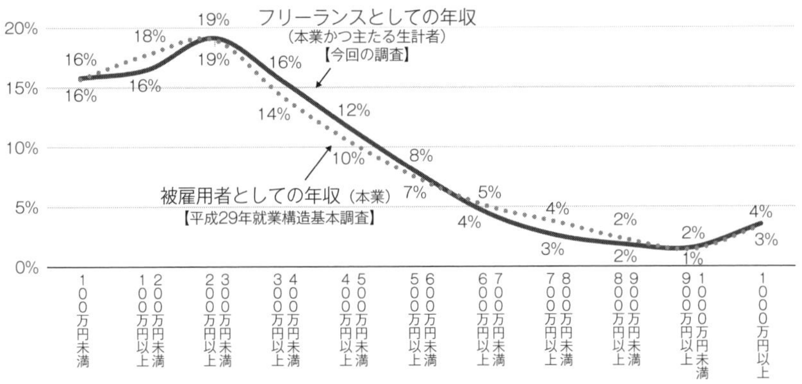

注）「あなたのフリーランスとしての直近一年間の年収を教えてください。」（単一回答）という設問への回答を集計。ただし「答えたくない」と回答した者を除いて集計（n=2,129）。主たる生計者は，世帯の中で最も所得が高い者。この設問における「年収」とは「事業としての収入（売上高）ではなく，収入（売上高）から必要な経費等を差し引いた所得の額であって社会保険料及び税を差し引く前の額」を指す。
出所）内閣官房日本経済再生総合事務局「フリーランス実態調査結果」（令和２年５月）より作成。

フリーランスの雇用の実態を見ると，指揮監督の下で従属的なものも多く見受けられ，被雇用者との区分が難しくなってきている。そのような中，被雇用者とフリーランスが異なるセーフティネットであることについては公平性の観点から問題が指摘されはじめている。

個人事業者の本質は，自らリスクを取って自らの計算において所得を稼ぐことである。しかしコロナ禍のように，個人では想定していないし取り切れないリスクが生じた場合，これまでどおり一切自己責任，というわけにはいかないのではないだろうか。そこで，従来型の対応ではなく，「働き方に中立なセーフティネット」の構築に向けて議論をしていくことが必要と考える。

ちなみに米国では被雇用者（employee）と個人事業者（independent contractor）の中間の独立労働者（independent worker）というカテゴリーを設けてセーフティネットの整備を図ろうという動きが顕著になっている。例えばカリフォルニア州ではAB５（Assembly Bill５）で，被雇用者と個人事業者の認定基準を法定化，その立証責任を発注者側に課すことによりギグ・ワー

図表3-2　セーフティネットの比較

<table>
<tr><th colspan="3">内容</th><th>労働者</th><th>自営業者（含むフリーランス）</th></tr>
<tr><td rowspan="6">病気・怪我</td><td rowspan="2">私傷病</td><td>医療給付</td><td>健康保険（医療給付）
※保険料は被保険者と事業主で原則折半</td><td>• 国民健康保険（医療給付）
※保険料は被保険者が全額負担（減免制度あり）</td></tr>
<tr><td>休業中の所得保障</td><td>健康保険（傷病手当金）</td><td>• 国民健康保険
※傷病手当金の支給は各保険者の判断</td></tr>
<tr><td rowspan="3">業務上</td><td>医療給付
療養給付</td><td>労災保険（療養（補償）給付）
※保険料は事業主が全額負担
※全額給付</td><td>• 国民健康保険（医療給付）
※保険料は被保険者が全額負担（減免制度あり）
• 労災保険
※一人親方等で特別加入している者のみ（保険料は自己負担）</td></tr>
<tr><td>休業中の所得保障</td><td>労災保険（休業（補償）給付）
※保険料は事業主が全額負担</td><td>• 国民健康保険
※傷病手当金の支給は各保険者の判断
• 労災保険
※一人親方等で特別加入している者のみ（保険料は自己負担）</td></tr>
<tr><td>障害が残った場合の補償</td><td>労災保険（障害（補償）給付）
※保険料は事業主が全額負担</td><td>• 労災保険
※一人親方等で特別加入している者のみ（保険料は自己負担）</td></tr>
<tr><td colspan="2">障害年金</td><td>厚生年金保険（障害厚生年金）及び国民年金（障害基礎年金）
※障害等級によっては，障害厚生年金のみ支給。
※報酬額に応じて保険料は被保険者と事業主で折半</td><td>• 国民年金（障害基礎年金）
※定額の保険料を被保険者が全額負担（免除制度あり）</td></tr>
<tr><td>失業</td><td colspan="2">失業中の所得保障</td><td>雇用保険（求職者給付）
※保険料は事業主と労働者で折半</td><td>※公的な共済制度（小規模企業共済制度（任意加入）等）による支援等を利用可能</td></tr>
<tr><td rowspan="3">妊娠・出産</td><td colspan="2">出産育児費用の助成</td><td>健康保険（出産育児一時金）</td><td>国民健康保険（出産育児一時金）</td></tr>
<tr><td colspan="2">休業中の所得保障</td><td>健康保険（出産手当金）</td><td>• 国民健康保険
※出産手当金の支給は各保険者の判断</td></tr>
<tr><td colspan="2">社会保険料免除</td><td>厚生年金保険・健康保険
（産前産後休業期間中免除）</td><td>• 国民年金（産前産後期間中免除）
※平成31年４月～
• 国民健康保険
※条例の定めがあれば減免可</td></tr>
<tr><td rowspan="2">育児・介護</td><td colspan="2">休業中の所得保障</td><td>雇用保険（育児休業給付，介護休業給付）</td><td>—</td></tr>
<tr><td colspan="2">社会保険料免除</td><td>厚生年金保険・健康保険
（育児休業期間中免除）</td><td>• 国民健康保険
※条例の定めがあれば減免可</td></tr>
<tr><td>老後</td><td colspan="2">老齢年金</td><td>厚生年金保険（老齢厚生年金）及び国民年金（老齢基礎年金）
※報酬額に応じて保険料は被保険者と事業主で折半</td><td>• 国民年金（老齢基礎年金）
※定額の保険料を被保険者が全額負担（免除制度あり）</td></tr>
</table>

出所）厚生労働省の資料より作成。

カーやフリーランスの保護を広げた。欧米では多くの裁判が行われており，労働者性を認める判決もでている。

（3）持続化給付金制度でわかったこと

2020年春，コロナ禍によりひと月の売上が前年同月比で50％以上減少している事業者に対して，事業の継続を支え，再起の糧となるために，中小法人等には最大で200万円，フリーランスを含む個人事業主（農業，漁業，製造業，飲食業，小売業，作家・俳優業など）には最大100万円を給付する持続化給付金が供与された。

売上の減少は，確定申告書の所得計算をする際の収入を基礎に判断される。個人事業主の場合，当初は「事業所得」の所得金額で判断されたが，フリーランスの中には「給与所得」や「雑所得」で申告している者も相当数存在することが判明し，そこへの適用が拡大された。フリーランスが，さまざまな所得区分で確定申告をしていること，さらにはフリーランスの所得実態が十分把握されているとはいいがたいということが判明した。今後フリーランスのセーフティネットなどを考えていく際，収入・所得の正確な把握が必要となることが認識させられたといえよう。

3　デジタル・セーフティネットの構築

（1）デジタル・セーフティネットとは

ワーキングの報告書には，「マイナポータルをハブとしたデジタル・セーフティネットの構築」として，「民間情報と電子申請書の連携，税（所得情報）と社会保障の連携等」と書かれているが，その具体的内容は今後の課題とされている。デジタル・セーフティネットはもともと筆者の造語であるが，イメージとしては，「マイナンバー制度を核としてデジタルを活用して構築する迅速で効果的・効率的なセーフティネット」ということである。

例えば，コロナ禍での特別定額給付金について見てみると，高所得者まで含めて経済状況如何にかかわらず国民全員に定額の給付金を支給したが，国民全員に一定額を給付するという例は欧米にも見られず，税金の無駄使いという声が国民から上がった。現に，特別給付金の多くは今も国民の手元に滞留しているということが指摘され，何のための給付か改めて問われている。

コロナ禍でも増益を上げる会社の従業員や年金生活者の収入には基本的に影響がないわけで，そこにも給付することは真に必要な困窮者への給付が手薄になり「公平」「効果的」な給付とは言えない。そこでデジタルを活用して，国民の収入や所得に応じた「公平」で「効果的」な給付制度を構築することが必要となる。

本格的なセーフティネットの構築のためには，フリーランスを含む国民一人ひとりの収入を正確に把握することが必要となる。今後仲介型プラットフォーム経由で働くフリーランス（例えばフードデリバリーサービスの配達人）が増えていくことを考えると，プラットフォーマーから配達人のポータルに収入情報を報告させる制度を構築していくことが必要だ。被雇用者には，給与の源泉徴収票が税務当局に提出される資料情報制度があるが，フリーランスにはそのような制度はない。英国やフランスなどでは，プラットフォーマーから税務当局への情報提供義務が課されており，米国ではクレジットカードなどの支払い決済会社からの情報を報告する制度が導入されている。社会的責任を果たすという見地から，プラットフォーマーに情報提供という負担を求めていくという考え方は決しておかしくない。ただしプラットフォーマーに一定の負担を求めることにより，フリーランスが働きづらくならないよう留意が必要だ。

（2）デジタル・セーフティネットの具体化に向けて

具体的に筆者が考えるデジタル・セーフティネットのイメージについて，図を使って説明してみたい。

図表3-3　マイナポータルの活用（イメージ図）

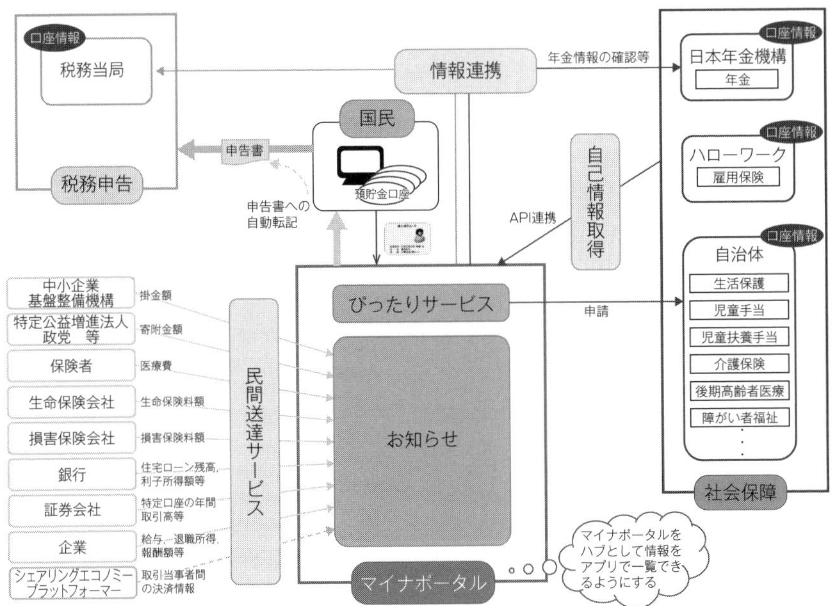

出所）森信茂樹　マイナンバー制度及び国と地方のデジタル基盤抜本改善ワーキンググループ第１回提出資料（2020.6.23）

図は，中央に個人のマイナポータルがあり，左側が民間，右側が公的部門，左上が税務当局となっている。左側に書かれた民間企業から，本人同意のうえで，民間送達サービス機能を経由して情報連携し，必要な情報を入手できるようにする。本人はその情報を活用してe-Taxで税務申告を行う。その情報は，右側の社会保障などを提供する国・自治体と連携される。これにより，個人の所得情報と社会保障の給付とがつながるので，必要な者に必要な給付を行うというデジタル・セーフティネットが可能になる。

これを念頭に，フリーランスやギグ・ワーカーなど労働法制のセーフティネットからはみ出た人たちのセーフティネットについて考えると，プラットフォーマー経由で働くギグ・ワーカーの収入を「情報の結節点」ともいうべきプラットフォーマー（図の左下）から情報提供をさせることにより，自ら受け取る収入の管理・記帳に役立てることができ，さらにはe-Taxを通じて簡単に申告できるようになり申告水準の向上につながる。フリーランスは発注主からマイナポータルに収入情報を提供してもらうことが有益だ。

将来的な課題として，仲介型プラットフォーマーがそこを通じて収入を得る者への源泉徴収義務を負うことも検討に値する。フリーランス，ギグ・ワーカーにとって納税の際のキャッシュフローの問題から解放されることになるからである。

またフリーランスは契約先とのトラブルが多く，契約関係が不明瞭で，泣き寝入りするという問題がある。これに対しては，マイナポータルに，発注元との契約内容を登録させることでトラブルの解消につながる。「ワーキング」の「報告書」には，「フリーランス等の契約情報のマイナポータルへの登録や，収入情報を仲介プラットフォーマー経由で入手する仕組みについても併せ検討する。」という記述がある。

コロナ禍のような個人が取り切れないリスクについて，国家がそのリスクをシェアするという考え方にそって，新たな制度を構築していくことは，コロナ禍を乗り越えてさらに安心社会を建設していく上で極めて重要なことと考える。マイナンバー制度を，真に官民共通の社会基盤にするために知恵を出し合うことが，わが国経済社会の活力の維持につながっていく。

米国の大手プラットフォーマーEtsyは，すべての働き方に対応する経済的保障の抜本的改革案として，概要以下のような制度を提言している。（“Economic Security for the Gig Economy”）

① 収入形態に関わらず，社会保険や企業の福利厚生，民間保険・年金，非課税貯蓄制度等個人のすべての経済的ベネフィットを管理するポータルの構築

② 個人事業主も所得税の全部または一部の源泉徴収を選択できるような制度

③ 収入変動への対応としての非課税貯蓄口座の創設と給付付き税額控除制度（後述）の４半期制度への拡充

4　給付付き税額控除

(1) 給付付き税額控除とは

デジタル・セーフティネットの具体的な例として，長年筆者が提唱してきた給付付き税額控除という制度が考えられる。この制度は，フリーランス，ギグ・ワーカーなどだけでなく，被雇用者も包含した制度である。

給付付き税額控除は，勤労者に減税（税額控除）と社会保障給付（還付）を組み合わせて，勤労インセンティブを刺激し，自助努力による生活水準の向上を図るという制度で，欧米ではスタンダードな政策ツールとして導入され定着している。思想的にさかのぼると，米国経済学者のフリードマン教授が唱えた「負の所得税」を起源とし，フォード政権下の 1975 年に勤労所得税額控除（Earned Income Tax Credit: EITC）として導入されたもので，中低所得者が勤労をしはじめると生じる重い社会保険料負担を軽減することに主眼があった。その後クリントン政権下で，福祉受給者の就労を促すため，福祉受給の制限と併せて EITC が大幅に拡充された。

一方英国では，ブレア政権下で勤労を通じて生活の向上を図るというワークフェア思想に基づき導入・拡充され，貧困・ワーキングプア対策に大きな成果を挙げた。英国の制度はその後さらに拡充され，現在では，リアルタイムで把握した所得情報を給付につなげるユニバーサル・クレジットになっている。今回英米のコロナ対策では，所得に応じて給付していくための「インフラ」としてこの制度が活用され，迅速で公平な給付が行われたが，このことは，制度の重要性を物語っている。

(2) 4つの類型

先進諸国の給付付き税額控除について筆者は勤労税額控除（EITC），児童税額控除（CTC），社会保険料負担軽減税額控除，消費税逆進性対策税額控除の 4 類型に分類をしている。

図表3-4　給付付き税額控除の４類型（「日本の消費税　社会保障・税一体改革の経緯と重要資料」）p.185

第１類型—勤労税額控除（EITC）
勤労により自助努力で生活能力を高めていくことを支援。ポバティートラップ対策。英国ブレア，米国クリントンのワークフェア思想。英国ではトランポリン型社会保障として積極的労働政策と組み合わされ活用。現在英国（ユニバーサル・クレジット）・ドイツではすべて「給付」になっている。

第２類型—児童税額控除（CTC）
世帯人数に応じ税額控除・給付。母子家庭の貧困対策・子育て支援による少子化対策に有効。米国・英国・カナダなどで導入。勤労税額控除より高い所得水準まで適用。

第３類型—社会保険料負担軽減税額控除
低所得層の税負担・社会保険税負担を緩和。社会保険料と相殺するので，還付・給付はなし。
オランダで導入（韓国も思想的にはこの類型）。

第４類型—消費税逆進性対策税額控除
消費税の逆進性緩和策として導入。基礎的生活費の消費税率分を所得税額から控除・還付。カナダ，ニュージーランドなどで導入。

勤労税額控除や社会保険料負担軽減税額控除は，勤労しても中低所得で貧困ラインを越えないような場合（いわゆるワーキングプア），あるいは勤労を始めると税負担や社会保険料負担が生じその分手取りが減ってしまうような場合に，国が税金を還付・給付し，最低賃金でフルタイムで働けば貧困ライン（所得の中央値の半分未満）を抜け出せるようにして，勤労にインセンティブを供与する制度である。

米国はこの制度を，個人の納税申告時に適用している。本人の税務申告で所得が低い場合，一定の算式に基づいて給付（正確には還付）を行う。本人の申告に応じ給付が行われるため不正が多いという問題がある。英国や欧州諸国の採用している制度は，低所得者の申請に基づき審査したうえで給付を行うので，その分不正は少ない。

（3）米国・英国の制度とコロナ給付

前述のように，米国・英国などでは，基本的にこの制度を活用する形でコロナ給付金が支払われた。米国では，コロナ対策としてIRS（米国歳入庁）がこのシステムを利用することで，複雑な所得要件のあるコロナ給付金（Economic Impact Payment）を実施し，延べ4億7千万余の受給者に対してプッシュ型で迅速に給付した。

トランプ政権は2020年3月に，一人当たり1,200ドル，夫婦の場合2,400ドル，17歳未満の子供には500ドルの給付を行った。単身の場合には所得が7万5千ドルから，夫婦の場合には1万5千ドルから給付額が逓減し，単身9万9千ドル，夫婦19万8千ドルでゼロになる。これは，高所得者には配らない一方で，「給付の段差」を生じさせないため所得に応じて給付額を逓減させるものである。所得と世帯類型で給付水準を区分する。給付予定総額は約2,920億ドル（約32兆円）である。

トランプ大統領は根拠となる経済対策法を2020年3月に署名し，わずか2～3週間で，各人の口座に振り込みが実施された。一部高齢者や納税申告書を提出していない人は，現金給付を受けるため簡単な納税申告書を提出する必要があるが，大部分の人は，「申請する必要はなく」政府から直接，一昨年（2018）又は昨年（2019年）の所得の申告データに基づき，IRSが自動的に本人の銀行口座に振り込む，「プッシュ型」で行われた。これは，IRSが納税者の口座を番号（社会保障番号）で管理するインフラが整っているからできることで，口座付番については後述する。

またバイデン政権は2021年に「米国家族計画」（American Families Plan）」を発表しコロナ対策として給付付き税額控除の拡充をおこなった。

英国では，あらゆる社会保障給付と税負担が，毎月一体的に把握され，貧困対策・子育て支援としての給付が行われるユニバーサル・クレジット制度が導入されている。そのため，国民の所得情報をほぼリアルタイムで把握するインフラが整っている。ジョンソン政権は2020年，このインフラを活用して，困窮者やフリーランスに直接迅速な給付を行った。米国同様，一部の例外を除き，原則申請をしなくても，政府が見つけ出して対象者の口座に振り込んだ（「プッシュ型」）のである。

米国や英国の給付は，一定の所得基準に基づき対象者を決めて，本人の申請を待つことなくプッシュ型として迅速に，本人の口座に直接振り込まれたが，このようなことが可能なのは，番号により国民全員の税情報（所得情報）と社会保障給付が連携され，一体的に運営する制度である給付付き税額控除が導入されているからである。

（４）わが国でも給付付き税額控除の導入を

社会保障と税を一体的に運営する制度である給付付き税額控除については，わが国でもたびたび議論されてきた。福田内閣時の07年11月の税制調査会答申「抜本的な税制改革に向けた基本的考え方」には，「給付付き税額控除の議論について」以下の記述がある。

「近年，アメリカ，カナダ等の諸外国では，給付と組み合わされた税額控除制度が導入されているが，我が国でもこうした制度の導入を検討してはどうかという議論がある。・・・若年層を中心とした低所得者支援，子育て支援，就労支援，消費税の逆進性対応といった様々な視点から主張されている。・・・国民の安心を支えるため・・・議論を行っていくことには意義がある」としつつ，課題として「正確な所得の捕捉方法」を挙げ，今後「議論が進められていく必要がある」と。

さらに，実際の政策現場でも議論が行われた。08年９月，リーマンショック後の経済対策で，自民党は定率減税を，公明党は定額減税を主張し議論が続いていた。筆者の経験を述べれば，当時自民党税制調査会幹部の柳澤伯夫先生から，減税と給付を組み合わせた制度（給付付き税額控除）が考えられないかと相談を受けたことや，与謝野馨氏が立ち上げた財政改革研究会で給付付き税額控除の話をした経験がある。リーマンショック後の経済対策としては，政府与党内で検討された結果，所得を把握するツールがない（マイナンバーが導入されていない）ので正確な所得把握ができないという理由で，国民全員に配布する定額給付金になった。しかしこのような政府税調などの議論を踏まえて，09年の所得税改正法附則 第104条には，給付付き税額控除の検討が書きこまれた。

また民主党政権下では，選挙マニフェストに「所得控除から給付付き税額控除へ」と書きこんで選挙を戦ったことから，三党合意を踏まえた社会保障・税一体改革法に，消費税の逆進性対策の一つとしてとして書きこまれた。その際の課題も，「正確な所得の把握」であった。その後2016年にマイナンバーが導入され，正確な所得把握の条件は整ったが，政権交代後の自公政権は，今日まで給付付き税額控除の議論をすることはなかった。

この制度の導入については，課題もある。低所得者対策として給付付き税額控除を活用する場合に課題となるのは，所得把握の正確性である。給付付き税額控除は所得によって税額控除（給付）額が変動するので，正確な所得の把握が必要となるが，給与所得者と自営業者などとの間で所得の把握率の差（いわゆる「クロヨン」問題）があり，所得把握の正確性担保には疑問が持たれていた。

また所得情報は，国税庁と地方自治体に分散し，給付付き税額控除が対象とする低所得者層の所得情報は自治体が所有しており，両者の所得情報の連携の必要性が指摘されていた。

現在ではこれらの問題は，社会保障・税番号（マイナンバー）制度の創設によりおおむね解決されている。もっとも個人事業者の所得把握の問題は，番号制度の導入によっても完全には解決されていないが。

加えて，執行に伴う不正の問題がある。米国は個人の納税申告時に税務当局が還付（refund）している。申告時に還付し，後で必要に応じ税務調査するという方法を採るため，不正が多いという問題が指摘されてきた。一方英国や欧州諸国の制度では，該当者から給付付き税額控除の申請をさせ，審査したうえで給付するので不正は少ないとされており，このような制度を検討すべきであろう。

わが国では，年収が106万をこえると社会保険料が発生し手取り収入が減少するため働き止めが生じる「106万円の壁」が問題になっているが，この問題への対処に給付付き税額控除を活用することが望まれる。更に，所得が不安定なフリーランスのセーフティーネットも包含する形で，本格的な制度として導入に向けて議論を進めてほしい。

5　口座付番の必要性

最後に，筆者がとりわけ重要だと考える預貯金口座へのマイナンバー付番（以下，口座付番）について記述したい。

コロナ特別定額給付金の受取遅延の主要原因の一つは，給付金の受取口座とマイナンバーが連携されていないことであった。一方，口座付番は，マイナンバー（正式名称は社会保障・税番号）の導入目的である，公平な課税と効果的・効率的な社会保障給付，さらには負担能力に応じた社会保障負担の構築を実施していく上で基礎となるものである。多くの諸外国では，国民に口座付番を義務付けているのだが，わが国では，預金者に番号の告知義務を課すという劇薬を避け，「任意」の形で進められてきた結果，付番は進まなかった。

そこでワーキングでは，受取口座だけではなく，より広範な預貯金付番が必要ではないかという問題意識で議論が進められた結果，公金受取口座に加えて，預金者の同意を前提に，預金保険機構を活用して，広く既存の口座にも付番をしていくことをあわせ進めていくこととなった。具体的には，公金受取口座のマイナポータル登録と預貯金口座全般への付番を，２段階にわたって拡充する。

第１段階は，「公的給付の支給等の迅速かつ確実な実施のための預貯金口座の登録等に関する法律」に基づき，希望者において，マイナポータルからの登録及び金融機関窓口からの口座登録ができるようにするもので，緊急時の給付金や児童手当などの公金給付に，登録した口座の利用を可能とするものである。これにより，国民にとって受給の迅速化に役に立つ。また，公金受取口座の登録なので，国民の抵抗は少ない。

第２段階は，「預貯金者の意思に基づく個人番号の利用による預貯金口座の管理等に関する法律」により，本人の同意を前提とし，一度に複数の預貯金口座への付番が行える仕組みの創設である。金融機関が口座開設時等に，国民に番号の提供を求める義務が規定された。マイナポータルから登録できる仕組みもあわせ創設された。相続時や災害時に，預貯金口座の所在を国民が確認できる仕組みは，国民にとって相続時や災害時の手続負担の軽減等が実現できる。

預金保険機構を活用して，既存の口座にも付番していくので国民にとっては大きな負担にならない。

口座付番は金融機関にとっても多くのメリットがある。現在紙でおこなわれている口座照会を効率的にしたり，金融機関において基本4情報の更新が可能になるので住所変更などのコスト軽減につながるのである。

課題としては，金融機関の窓口で付番についての「同意」を求められることになる（マイナポータルによる同意も可能になる）ので，その際預貯金者に対して，口座付番のメリットや必要性，さらには付番への懸念に対する説明がきちんと行われる必要がある。

国民には，口座付番により国民の資産がガラス張りになるのではという懸念があるが，国が国民の預金を照会できるのは，税務調査や生活保護の資力調査など，法律の根拠に基づきその範囲でのみ可能となる。このような状況は，口座付番により何ら変わるものではないので，政府は国民の誤解・懸念を解いていく必要がある。

本来は，国民に口座付番を義務付ける，つまり預貯金者に告知義務を課すことが望ましいのだが，わが国では政治やマスコミ，国民世論の反発も予想されるので，今回は国民の「同意」を前提にする形をとった。これでも口座付番が進まなければ，本人に付番を義務付けることも考えるべきではないだろうか。また米国などで行っているように，付番しない口座については，源泉徴収税率を高くするという措置（裏打ち源泉徴収制度）なども将来的に考えていく必要があるのではないか。今後の大きな課題である。

参考文献

東京財団『給付付き税額控除 具体案の提言～バラマキではない「強い社会保障」実現に向けて～』（東京財団政策提言，2010年8月）

東京財団『税と社会保障の一体化研究―給付つき税額控除制度の導入』（東京財団政策提言，2008年4月）

東京財団政策研究所のホームページ

「マイナンバー制度及び国と地方のデジタル基盤の抜本的な改善に向けて」（マイナンバー制度及び国と地方のデジタル基盤抜本改善ワーキンググループ報告書　令和2年12月11日）

森信茂樹編著（2015）『未来を拓くマイナンバー』中央経済社

森信茂樹「大きく変わるマイナンバー制度―マイナポータルの活用で国とつながる安心感を」https://www.tkfd.or.jp/research/detail.php?id=3626

同「デジタルセーフティネット―「迅速」で「公平」な給付のためのインフラとは」
https://www.tkfd.or.jp/research/detail.php?id=3686
同「新しい資本主義」とブレア「第３の道」 求職者支援制度の抜本改革と勤労税額控除の導入で人的資本の向上をhttps://www.tkfd.or.jp/research/detail.php?id=3853
同「格差問題と税制―勤労税額控除の提言」（財務総合政策研究所・貝塚啓明編著『経済格差の研究 日本の分配構造を読み解く』中央経済社，2006年）
森信茂樹編著『給付つき税額控除―日本型児童税額控除の提言』（中央経済社，2008年10月）

安井健悟

第4章

人的資本への投資と活用

1　人的資本投資としての教育の重要性と女性の人的資本の活用

人的資本投資として，教育の役割がますます重要になるだろうと考えられる。人生100年時代には，生涯において仕事をする年数は長くなるので，教育を受けることにより利益を受ける期間も長くなり，利益全体も大きくなる。例えば，かつて60歳までしか働いていない時代には，20歳で大学に行くことにより生産性を高めて賃金が高まる効果はその後40年しかないが，80歳まで働ければ，その利益を60年間受けることができる。つまり，仕事をする年数が長くなるということは教育投資の価値を大きくする。

また，時代が急速に変化していく中で，これまで以上にスキルの陳腐化が起こりうる。人的資本理論だと，年を取ってから教育投資を受けるのは，その後に受けるリターンの期間が短いから合理的ではなく，早く受けたほうがいいことになる。しかしながら，例えば60年働くというのであれば，スキルが陳腐化していった後で若年期以外に学び直しをしていくことは重要になりうる。

日本の労働市場では，他国と比較した場合に，個人が元々もつ論理的思考力などの認知スキルや仕事での経験から学ぶことをより重視して，高等教育を軽視する状況があるのではないだろうか。この状況は再考する余地があるだろう。生涯で仕事をする期間が長くなることから教育投資を増やす際には，諸外国と比較して弱い大学院教育を含む高等教育の役割を拡大することを提案する。次節以降で紹介するように，大学院教育は賃金を高める効果がありそうだが，日本の大学院進学率は低い。その背景として，高等教育の在学者１人当たりの公財政支出が日本では少ないことや，大学院修了後の雇用リスクが高いことなどが考えられる。大学院教育が生産性と賃金を引き上げる効果があるならば，やはり，諸外国と同様に高等教育，特に大学院教育によって専門性を高めるための対応が必要になるだろう。

また，これまでの教育で不十分なことは，専門性を高めることだけではない。世界中で注目が集まっている非認知スキル[1]を学校教育などで育むことも考えていかなければならないだろう。例えば，専門性が高くてもソーシャルスキル[2]が低いと，高い専門性を仕事に活かすことが難しいかもしれない。

しかしながら，仮に教育のあり方を変えることができたとしても，教育の成果が出るまでには時間がかかるので，すぐに労働生産性が高まるものではない。比較的早く労働生産性を引き上げうる方法としては，いま埋もれている人的資本を活用するということが考えられる。日本で埋もれている人的資本の代表として考えられるのは，女性の人的資本である。やはり，女性の活躍が喫緊の課題となるだろう。

そこで，本章では上述の問題を以下の構成で考えていく。まず，次節で高等教育の現状を簡単に確認する。第３節では人的資本としての専門性に対する投資のリターンに関する研究を紹介し，第４節では，非認知スキルに関する研究を紹介する。第５節では人的資本の活用について考え，第６節で人的資本投資と活用のためにすべきことをまとめる。

2　高等教育の現状

（1）教育支出の国際比較

財務省（2019）によると，2016年時点で在学者１人当たり公財政教育支出の対国民１人当たりGDP比，つまり，国民１人当たりの豊かさに対して国はどれだけ１人当たりの教育支出をしているのかを見ると，日本は21.0％であり，OECD平均の21.4％と遜色ない公的支出をしていることが分かる。

その一方で，高等教育に限定した場合の在学者１人当たり公財政教育支出の対国民１人当たりGDP比（2015年）を見ると，日本は15.3％であり，OECD平均の26.0％に対してかなり低いことが分かる。つまり，初等教育から高等教育までの学校教育全般で考えると，在学者１人当たりの公財政支出は悪くない水準だが，高等教育に対する支出が公的にあまりなされていない。

そして，財務省（2019）が示す私費負担も合わせた数字を見てみると[3]，2015年の日本の高等教育に限定した場合の在学者１人当たり教育支出（公財政教育支出＋私費負担）の対国民１人当たりGDP比は47.4％であり，OECD平均の38.5％よりも高い水準の投資がなされている。よって，国際比較をすると，日本では家庭に依存した形で高等教育が運営されていると考えられる。今後，高等教育により日本の労働者の専門性と生産性を高めていこうとするならば，高等教育に対する公的支出を高めることを検討する必要がある。

（2）学部学生に対する大学院学生の比率と大学院生数

今後，高等教育の中で重視すべきことの一つとして，大学院での専門性の修得が挙げられる。今までであれば，例えば，学力偏差値の高い大学に入る能力があった人が，そこで受けた大学教育の内容とは関係なく，仕事の経験を積むことにより，いい仕事ができるという考え方が日本では強かったかもしれない。しかしながら，世界では専門性を修得することが重要視されており，この点が諸外国と比較した日本の弱みになっている可能性がある。

図表4-1 学部学生に対する大学院学生の比率と大学院生数

			(%)	(人)
日本		2015年	9.8	249,474
		2018年	9.8	254,013
アメリカ	フルタイム在学者	2015年	15.9	1,684,482
	パートタイム在学者含む	2015年	17.3	2,941,531
イギリス	フルタイム在学者	2015年	21.7	304,900
	パートタイム在学者含む	2015年	33.7	534,400
フランス		2015年	73.6	626,202
ドイツ		2015年	57.7	1,009,208
中国		2015年	12	1,885,789
韓国		2015年	15.3	333,478

注）文部科学省の『諸外国の教育統計　平成31(2019) 年版』から筆者が作成した。フランスの対象は国立大学のみであることなど，データの解釈には注意が必要である。

図表4-1は，各国の学部学生に対する大学院学生の比率と大学院生数を示している。2015年の日本の学部学生に対する大学院学生の比率は9.8%であり，アメリカ（フルタイム在学者のみで15.9%，パートタイム在学者も含めると17.3%），イギリス（フルタイム在学者のみで21.7%，パートタイム在学者も含めると33.7%），フランス（国立大学のみが対象で73.6%），ドイツ（57.7%），中国（12.0%），韓国（15.3%）と比較してかなり低い[4]。つまり，他国と比較して日本では学部を卒業してから大学院に進学しない傾向があることが分かる。国際比較のため，2015年のデータを使っているが，比較的新しい2018年のデータであっても，日本では学部学生の人数に対する大学院生の割合が9.8%で，10%を切っている。これはOECD平均の半分以下になる。

また，大学院生の人数は249,474人であり，米国と比べるとかなり少ない。日本よりも人口が少ない国と比べても，図表中の全ての国のそれぞれの人数よりも日本のほうが少ない。ここで確認してきたように，日本では大学院修了者が少なく，専門性が低い状況があるという点は否定できないだろう。

(3) 博士号取得者の社会各方面での活用の必要性

大学院に進学する人が少ない背景として，大学院修了後の雇用状況が不安定であることが挙げられる。このことは，文部科学省科学技術・学術政策研究所による『博士人材追跡調査－第4次報告書』も明らかにしている。この報告書は，2018年度に日本の博士課程を修了した者を対象に，博士課程修了から1年半後の調査を実施しており，その結果，修了者のうち28.9%という多くの人が非正規雇用で働いているとのことであり，大学院進学のリスクを示すものである。

令和2年度第3次補正予算では，博士課程学生に対する支援強化ということで200億円程度が充てられることとなり，さらに令和3年度予算でも23億円が計上され，既存の支援と合わせて修士課程から博士課程に進学する人たちの半数に対し最低限の生活費相当の金額及び一定の研究費が支援される状況となった。しかしながら，これでも民間企業に就職して得られる収入より経済的には魅力がない状況にあると言えるだろう。

日本は博士課程の大学院生を学生として扱う雰囲気があるが，博士課程の学生はプロの研究者であって，リサーチアシスタント又はティーチングアシスタントとして処遇したり，企業からの受託研究において相応の人件費を確保したりするなどして，その価値に合うような手当てをしていかないといけない。

ただし，博士課程の期間だけ手当てすればいいのではない。その後の仕事がなければ，大学院に進学して専門性を高める人を増やすことは難しいだろう。大学院の出口の問題を真剣に考える必要がある。

大学では競争的資金の割合が増加し，若い研究者は任期付のポストで採用されることが多くなった。民間企業でも活躍できるような人材は，そのようなリスクはあまり取りたくないだろう。完全に有期という意味での任期付のポストではなくて，テニュアもしくはテニュアトラックのポストを大学が増やせる状況にしていく必要がある。テニュアとは日本では定年までの安定的な雇用を意味し，テニュアトラックとは任期付きのポストではあるが，その任期の間にテニュアが与えられるかの審査があるものである。

また，日本では，専門家を利用するだけの能力が民間部門・公的部門のマネジメント層に十分ないという問題もある。外資系企業や日系でも新しいタイプの企業は博士を活用しているが，日系の大企業でも活用していくことが一つの課題だろう。

政策的に考えると，公務員の今の採用のあり方を変えることが望まれる。現在でも任期付のポストで博士号を取った学生を採用しているが，任期付というのは不安定であり，大学院進学を検討する学生からすると魅力を減じさせるものである。公務員も，博士号を持っている専門家をパーマネントな形で採用するという方向も考えていく必要がある。

3　大学院教育と賃金の関係について

(1) 大学院修了の経済的価値

そもそも，大学院教育は労働生産性を引き上げて労働者の価値を高めるような効果があるのだろうかという疑問も生じうる。生産性を直接計測することは難しいために，アメリカやイギリスなどでは生産性の代理指標としての賃金と大学院教育の関係について研究されてきた。

Card (1999) は教育と賃金の関係について実証研究を整理し，アメリカでは修士号と博士号を取った人たちの賃金は学部卒よりもそれぞれ平均的に20%，30%高いことを示している。その後のDeere and Vesovic (2006) でも，大学院卒の賃金は学部卒よりも30%高いことを明らかにしている。

日本では，データの制約上，研究がなかなか進まなかったが，Morikawa (2015) によると，大学院を出ていると30〜40%の賃金プレミアム（賃金の割増分）があることが確認されている。大学院に行く人たちのほうが学部卒の人たちよりも平均的に観察されない能力が高い可能性を考慮できていないが，平均的な賃金差が大きいことは明らかである。

Suga (2019) は3つのデータセットを用いて実証分析し，全てのデータにおいて大学院修了が年収を高めることを明らかにした。そのうちの一つはPIAAC（国際成人力調査）というOECDによる国際的な調査であり，そこに含まれる読解力，数的思考力，ITを用いた問題解決能力などの能力についての変数が年収に与える影響を取り除いた上でも，大学院を修了することの効果は他国と同じように20%程度あるということを明らかにしている。つまり，読解力，数的思考力，ITを用いた問題解決能力が同等のレベルの学部卒業生と大学院修了生を比較しても，大学院修了者の賃金が20%程度高いということである。このように，現在の日本の労働市場で評価しても，大学院教育には経済的な価値がつくような状況になっている。

（2）専攻による経済的価値の違い

しかしながら，どのような専攻でも専門性を高めれば，同じように生産性を高めて賃金が高まるわけではない。Altonji *et al.*（2012），Altonji *et al.*（2016）は大学院や学部の専攻の違いでどれぐらい賃金に差があるのかということをサーベイした。その結果，多くの研究で，ベースのeducationに対して一番高いのがengineeringであり，その賃金はベースよりも40％高い。その次にbusiness，scienceが続いていくという状況になっている。

図表４-２は，日本のデータを用いて専攻による賃金差を分析した安井（2019）の結果を示しており，文系学部卒に対する理系学部卒であることの賃金プレミアムは，男性の場合は3.97％とそれほど大きくない。しかしながら，女性の場合は13.17％と大きい。大学院を修了した人について見ると，男性の場合，文系学部卒に対して文系の院卒の賃金は22.96％高く，文系学部卒に対する理系の院卒のプレミアムである20.11％よりも少し効果が大きい。女性の院卒の賃金プレミアムは男性のそれよりも大きく，文系学部卒に対して文系の院卒は28.63％，理系の院卒は30.38％である。

図表４-２　文系学部卒に対する賃金差

被説明変数：ln（時給）	男性	女性
理系学部卒ダミー	0.0397**	0.1317***
	(0.019)	(0.039)
文系院卒ダミー	0.2296***	0.2863***
	(0.049)	(0.072)
理系院卒ダミー	0.2011***	0.3038***
	(0.025)	(0.072)

注）括弧の中は標準誤差である。***，**，*はそれぞれ１，５，10％で統計的に有意であることを示す。コントロールした変数は，経験年数，経験年数の２乗，都道府県ダミー（勤務先），両親の最終学歴，中３の成績，卒業した高校の進学状況，高校で経験した活動（生徒会活動，運動部（団体競技），運動部（個人競技），運動以外の部活動（団体），運動以外の部活動（個人））である。安井（2019）の図表９から作成した。

図表4-3 人文科学の学部卒に対する賃金差

被説明変数：ln（時給）	学部		大学院	
	男性	女性	男性	女性
人文科学	比較対象	比較対象	0.1830**	0.3319***
			(0.083)	(0.086)
社会科学	0.1193***	0.1327***	0.2814***	0.2199*
	(0.026)	(0.033)	(0.060)	(0.118)
自然科学	0.1141***	0.1009**	0.1713***	0.2354**
	(0.029)	(0.050)	(0.029)	(0.093)
医学・薬学	0.5256***	0.3775***	−0.1124	0.0592
	(0.067)	(0.061)	(0.098)	(0.136)
建築	0.0277	−0.0796	0.1689	0.2021
	(0.066)	(0.114)	(0.137)	(0.485)
芸術	−0.1712*	−0.0881	0.0782	0.2120
	(0.099)	(0.062)	(0.192)	(0.194)
福祉	0.2095**	0.1275	0.0178	0.4066
	(0.102)	(0.080)	(0.451)	(0.379)
その他	0.1478***	0.0255	0.2263**	0.7714***
	(0.038)	(0.044)	(0.096)	(0.198)

注）括弧の中は標準誤差である。***，**，*はそれぞれ1，5，10%で統計的に有意であることを示す。コントロールした変数は，経験年数，経験年数の2乗，都道府県ダミー（勤務先），両親の最終学歴，中3の成績，卒業した高校の進学状況，高校で経験した活動（生徒会活動，運動部（団体競技），運動部（個人競技），運動以外の部活動（団体），運動以外の部活動（個人））である。安井（2019）の図表11から作成した。

図表4-3は理系・文系という2つのカテゴリーではなく，8つの専攻で賃金を比較したものである。人文科学専攻の学部卒をベースにしたときに，学部卒と大学院卒の各専攻の賃金プレミアムを示している。この図表4-3の数値の見方は図表4-2と少し異なる。例えば，男性の場合，社会科学専攻の学部卒だと11.93%賃金が高い。そして，大学院まで修了し，学部と大学院の専攻の両方が社会科学だと，人文科学の学部卒に対して，学部の社会科学の11.93%と大学院の社会科学の28.14%の合計である40.07%の賃金プレミアムがあることを示している。人文科学でも，大学院卒だと男性の場合は18.30%賃金が高くなり，女性の場合は33.19%高い。

学部卒の中では医学・薬学専攻の賃金プレミアムが一番大きい。ただし，この人たちはわざわざ大学院に進学しても賃金を高める効果がない。また，理系といっても様々であり，医学・薬学や建築を除いた自然科学（工学，理学，農学）に限ってみると，女性の院卒を除けば，社会科学よりも学部も大学院も賃金プレミアムが小さいことが分かる。本来であれば，自然科学のなかでも工学，理学，農学を分けて考える必要があり，アメリカ等と同じように工学（engineering）の賃金プレミアムが高いかもしれないが，いずれにせよ，単純に理系であれば賃金が高いわけではなく，理系にしても文系にしても専攻による平均賃金のばらつきが大きいことが分かる。

図表4-4は女性のみにおいて理系と大学院修了の賃金プレミアムを推定した結果である。2000年においては，統計的に有意なプレミアムがなかった。しかしながら，2014年には理系と大学院の統計的に有意なプレミアムが観察され，それぞれ12.06％，27.58％となった。賃金で女性の活躍を評価した場合には，教育を受けることの価値は高まってきていると言えるだろう。

図表4-4　女性における理系と大学院のプレミアム

被説明変数：ln（年収）	2000年	2014年
理系ダミー	0.0035	0.1206**
	(0.075)	(0.047)
大学院ダミー	0.1869	0.2758***
	(0.164)	(0.069)

注）括弧の中は標準誤差である。***，**，*はそれぞれ1，5，10％で統計的に有意であることを示す。コントロールした変数は，経験年数，経験年数の2乗である。安井（2019）の図表6から作成。

ここまで紹介してきた研究には様々な限界があるが，賃金差に反映されるだけの大学院の効果というのはありそうであり，その効果は専攻により異なる。ただ，実際は大学院修了後の雇用リスクがあるような状況の中でなかなか進学できないとか，大学院進学時の生活を支える奨学金などの経済的サポートが十分でないとか，大学院進学の経済的価値が十分に知られていないという状況もあって大学院への進学率が低いことが考えられる。今の日本の高等教育は軽視されている傾向があると考えられるが，上述の問題を解消したうえで，大学院教育を活用して人的資本投資をしていくべきだろう。

4　非認知スキルの果たす役割

教育によって専門性を高めて生産性を高めるだけではなく，他にも教育によって非認知スキルを高めていくことによって日本の生産性を高めることも考えられるだろう。ノーベル経済学賞受賞者であるヘックマンの一連の研究の影響もあり，非認知スキルへの注目度は世界中で高まっている。Deming (2017) は，注目されているSTEM (Science, Technology, Engineering and Mathematics) 関連の仕事の数の変化をデータで確認しており，現実には2000年～2012年にかけてSTEM関連の仕事は全体で見ると増えていないことを示している。その一方で，2000年～2012年における高スキルの仕事数の変化率を確認すると，増加している仕事の上位は教師，管理職，看護師と並んでおり，専門性が高い上に対人関係があるような仕事が増えているということも報告されている。結局，自動化されないタスクと補完的なスキルと考えられる対人関係などのスキルが重要ではないかというところにDemingは問題意識を持って分析している。その結果，ソーシャルスキルの高さが賃金を引き上げるということを明らかにした。

ソーシャルスキルは非認知スキルの一つである。近年の経済学研究では非認知スキルとしてビッグファイブ，自尊感情，統制の所在[5]などが使われることが多い。ビッグファイブは，心理学においてパーソナリティーを示す指標であり，外向性，協調性，勤勉性，情緒安定性，経験への開放性の５変数で構成されており，ソーシャルスキルは外向性と関連している。

安井ほか (2020) はビッグファイブ，自尊感情，統制の所在という非認知スキルが賃金に与える影響を認知スキルなどの影響を取り除きながら実証的に分析した。その結果，男性全体と女性の中賃金層においてソーシャルスキルと関連する外向性が高い人の賃金が高いということが分かった。また，自尊感情が高い人は賃金が高いことも明らかになった。

これらの研究からも，生産性を高めるためには，認知スキルや高い専門性だけではなくて，非認知スキルを高めることも重要だと言えるだろう。今までの学校教育では，少なくとも明示的には非認知スキルの教育は行われていないだろうが，部活動が人間形成という名のもとで非認知スキルを高めているという認識がある人もいるだろう。

しかしながら，安井ほか（2020）は，強制的に中学校の部活動に参加させても，長期的には外向性を低下させ，賃金を低下させるということを明らかにしている。非認知スキルを高めるための教育がどのようなものであるべきかを示すためには，今後の研究の蓄積が待たれる。

また，そもそも，外向性が高いと賃金が高いということについての解釈は難しい。日本だと内向的な労働者をうまく評価して，活用できていないだけではないのかという解釈もあり得る。つまり，今の就職活動のあり方を見ると，昔と変わっていない側面が大きく，何を勉強してきたかよりも，どのように表現するかというコミュニケーション能力が問われる部分が大きいだろう。仕事の生産性とは関係なく，外向的でコミュニケーション能力が高い人たちが周りにいてくれるほうがいいと採用側が考えているだけの可能性もあり，内向的な人たちをうまく評価できていないのかもしれず，外向性が真に生産性を高めているのかについては更なる研究が必要となる。

そして，非認知スキルであれば，何でも高めればいいわけではない。例えば，協調性は賃金を引き下げるという研究が諸外国で多い。日本のデータを用いた安井ほか（2020）でも，女性が協調的だと賃金が低いことを明らかにしており，特に女性の高賃金層においてその影響が大きいことを確認している。なぜ協調性が賃金を引き下げるのかというと，協調性がある人は自分の主張ができないために，交渉事に弱く，仕事でも自分のアピールがなかなかできないために，自分の評価につながらないということが指摘されている。

このように，すべての非認知スキルが生産性を引き上げているわけではないが，人工知能などの技術の発達により，技術による代替が比較的しやすい認知スキルだけではなく，非認知スキルを教育により発達させることも重要になるだろう。

5　人的資本の活用

(1) 活用されていない女性の人的資本

ここまで，教育により専門性や非認知スキルを高めることの重要性を指摘してきたが，教育の成果はすぐに出るものではない。教育の成果を待つよりも早くに日本の労働生産性を引き上げるためには，いま埋もれている人的資本を活用するということが重要になる。

Kawaguchi and Toriyabe (2022) は，OECDによるPIAAC（国際成人力調査）を利用して，各国のスキルの男女差やスキルの利用状況を報告している。スキルの指標の一つに読解力（literacy skill）があり，日本の女性の読解力は男性と同程度である。

それに対して，その読解力をどれぐらい仕事において利用しているのかというと，日本の女性は男性の半分程度しか利用しておらず，日本は分析対象国の中で最も男女差が大きい。つまり，日本の女性は学歴も高く，人的資本も高いはずなのに，実際にそれが活用されておらず，世界的にも特異な状況だと言える。

佐野ほか (2022) はICTスキルと英語スキルについて分析しており，保有するスキルが高度になったとしても，保有しているだけではスキルの金銭的価値が高まらず，やはりスキルが十分に利用されることによって金銭的価値が高まることを確認している。

(2) 女性のスキルが活用されない背景

日本の女性のスキルが高いにもかかわらず，それが活用されていない背景には，男女の就業状況が異なることが挙げられる。

まず，高いスキルを活用しにくいと考えられる非正規雇用の割合を男女で比較しよう。総務省『労働力調査』によると，2020年の女性の非正規雇用割合（65歳以上も含む年齢計の値）は54.4%と男性の22.2%よりもかなり高い。

また，非正規雇用であることにより人的資本が十分に活用されないということもあるが，仮に正規雇用であったとしても，管理職に占める女性の割合が極めて低く，人的資本が十分に活用されていないという問題もあるだろう。厚生労働省『賃金構造基本統計調査』によると，常用労働者100人以上の企業において，2020年の役職者に占める女性の割合は，係長級が21.3％，課長級が11.5％，部長級8.5％と女性の管理職が少ないことが分かる。また，上位の役職であるほど女性の割合が低い。

内閣府男女共同参画局『男女共同参画白書　令和３年版』が示す管理職に占める女性割合の国際比較を確認すると，日本の就業者そのものに占める女性の割合は他の先進国とほとんど差がないが，管理的従事者に占める女性の割合については日本は13.3％であり韓国の15.7％と並んでかなり低い（**図表４-５**）。このように，日本の女性はスキルが高いにもかかわらず，自らが持つスキルを発揮できないような働き方をしていると言える。

図表４-５　管理的従事者に占める女性の割合

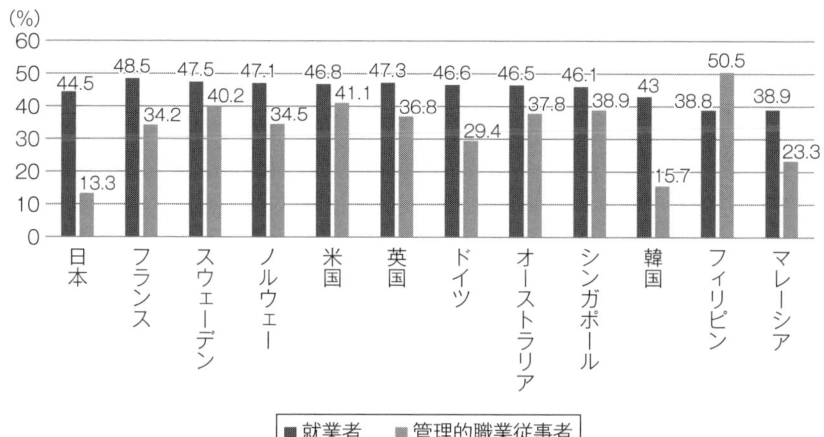

注）内閣府男女共同参画局『男女共同参画白書　令和３年版』Ⅰ－２－14図を基に筆者が作成した。

（３）女性が能力を発揮できる環境整備の必要性

日本の女性が正規雇用で働き，管理職に占める女性割合を高めて，女性がもっと能力を発揮できる環境にするためには，どのようにしたらいいだろうか。

仮に長期的には出生率を引き上げていくことも重要だという前提を置く場合，子どもを産み育てながら女性がもっと能力を発揮して，日本の労働生産性を高めていくためには，今のままの労働環境ではかなり難しいだろう。男女で家事・育児をして，ともに労働市場で能力を発揮できるようにするためには多くのことを変えていかなければならない。その一つとして，拘束性が強い日本の働き方を変えていく必要がある。

拘束性が強い働き方とは，働く時間や場所が柔軟ではなく，企業によって長時間労働や勤務地の変更（転勤）を強いられるような働き方である。長時間労働を是正して，働く時間や場所を柔軟にすることは，子どもを持つ女性や子どもを持とうとする女性にとってだけ必要なことでなく，男性にとっても必要なことである。女性だけにとって働きやすい環境になったとしても，男性が柔軟ではない働き方で長時間労働をしていては，男性が家事・育児をこれまで以上にするようにはならないだろう。そうであれば，結局，女性がこれまで通りに家事・育児負担をしなければならないので，女性が仕事で活躍することが難しい状況のままである。

もちろん，働き方を変えるだけではなく，固定的性別役割分担意識を変えていかなければ，男女の家事・育児負担割合は変わっていかないだろう。また，子どもを持つ（もしくは，子どもを持とうとする）当事者の意識だけではなく，職場の上司・同僚の意識も変わらなければならない。例えば，上司が女性の活躍を応援し，柔軟な働き方を支援していても，男性部下にはこれまで通りの柔軟ではない働き方を求めていては，子どもを持つ男性が家事・育児をこれまで以上にしたくても実現できなくなってしまう。

さらに，企業が労働者の勤務地の変更を決めてしまう全国転勤制度も改める必要がある。一般的に，日本の正社員は転勤の命令があればそれを受け入れることが暗黙の了解になっていることが多いと認識されている（鶴 2016）。しかしながら，全国転勤制度があると，夫婦のキャリアの形成を阻害することがありえる。平均的には夫婦のうちの夫の賃金の方が高く，キャリアの展望が開けていることから，夫に転勤が命じられると妻がそれに合わせてキャリアを変更するケースが多いだろう。夫の転勤先の地域で妻にとっては理想的ではない転職をするとか，離職して無業になることも多い。夫が単身赴任をすれば，妻は一人で子育てをしなければならなくなり，一人での子育てと仕事の両立が可能となるような転職をしたり，無業になったりすることもあり得る。太田（2017）によると，夫の転勤で離職した場合の妻の無業率は，結婚や出産に伴う離職につぐ大きさであることが示されており，女性の長期の無業化のリスク要因である可能性が指摘されている。また，女性が無意識にでも結婚後に配偶者の転勤に合わせることを前提としていれば，結婚前から長期のキャリアを考える際に仕事で活躍することを重視しなくなったり，人的資本投資を少なくしたりすることが考えられる。このように，全国転勤制度があることによって女性の活躍が阻害されることになる。

一般的に労働生産性を高めるためにも転勤の経験が必要だという認識もあるだろうが，佐野ほか（2019）は，転勤経験は賃金の割増分を生むけれども，それは転居しない異動による割増分と差がないということを明らかにしており，必ずしも転居を伴う異動としての転勤が生産性を引き上げる観点で重要とは言えず，やはり全国転勤制度は改めていくべきだろう。

6　人的資本への投資と活用を促進するために取り組むべきこと

本章では，高等教育の現状を簡単に確認したうえで，人的資本としての専門性を高等教育（特に大学院教育）で高める必要性とそのことが難しい背景を考えてきた。そして，専門性だけではなく，非認知スキルという人的資本にも投資する必要性や女性の人的資本の活用について論じた。

これまでの論理的思考力などの認知スキルと経験という人的資本を重視し過ぎて，専門性や高等教育による人的資本を軽視する日本の労働市場のあり方を変えていかなければならないだろう。大学院教育は生産性を高める効果があるものの，大学院への進学率が低い背景として次のことを挙げた。第１に大学院修了後の雇用リスクがあること，第２に大学院進学時の生活を支える奨学金などの経済的サポートが十分でないこと，第３に大学院進学の経済的価値が十分に知られていないということである。これらの問題を解消するためにも，高等教育に対する政府支出を増やすとともに，官民で博士号取得者などの専門性の高い労働者を活用できるようにしていくなどして，安定的な雇用を増やしていく必要がある。

また，専門性を高める必要はあるが，大雑把な文系・理系というくくりで考えるべきではなく，それぞれの専攻の特徴を分析したうえでの人的資本投資の判断をすべきである。

そして，専門性だけではなくて，非認知スキルの育成も重要である。ただし，どのような非認知スキルをどのように育むかについては慎重に考える必要があり，今後の研究の蓄積が待たれる。

最後に，人的資本投資の成果を待つよりも早くに日本の労働生産性を引き上げるためには，埋もれている女性の人的資本を活用する必要がある。そのためにも，拘束性が強い日本の働き方を改めて，働く時間や場所を柔軟にし，企業によって長時間労働や全国転勤を強いられないようにすると同時に，当事者，上司，同僚の固定的性別役割分担意識を変えていくべきである。これらの変化によって，男女ともに家事・育児と仕事に取り組むことが可能になる。その結果，女性の人的資本が活用されることで，日本の労働生産性が高まることが期待される。

注――――――――――

1　非認知スキルは，非認知能力，性格特性，ソフトスキル，社会情動的スキルとも呼ばれるが，本章では非認知スキルと呼ぶことにする。

2　一般的にはコミュニケーション能力とも呼ばれる。

3　OECDの「Education at a Glance 2018」をもとに示されたものである。支出は高等教育段階における国公私立教育機関への年間支出の合計であり，OECD平均の値は計数が取れず算出不能である国を除いた加盟国の平均値である。

4　ただし，国によって定義は色々であり慎重に解釈する必要がある。定義の詳細については文部科学省の『諸外国の教育統計　平成31(2019）年版』を参照されたい。

5　統制の所在とは，世の中で起こっていることが，自分の影響で起こっていると受け止めるのか，もしくは反対に運だとか自分以外の影響で起こっていると受け止めるのかという程度を測る概念である。

参考文献――――――――――

太田聰一（2017）「夫の転勤による妻の無業化について」『全国就業実態パネル調査 日本の働き方を考える』Vol.13，リクルートワークス研究所

財務省（2019）財政制度等審議会財政制度分科会2019年11月１日文教・科学技術（参考資料）
佐野晋平，鶴光太郎，久米功一，安井健悟（2022）「スキルの保有と利用の実証分析：ICTスキルと英語スキルに着目して」，*RIETI Discussion Paper*, 22-J-032.
佐野晋平，安井健悟，久米功一，鶴光太郎（2019）「転勤・異動と従業員のパフォーマンスの実証分析」，*RIETI Discussion Paper*, 19-J-020.
鶴光太郎（2016）『人材覚醒経済』日本経済新聞社
安井健悟（2019）「大学と大学院の専攻の賃金プレミアム」『経済分析』（199）,pp.42-67.
安井健悟，佐野晋平，久米功一，鶴光太郎（2020）「認知能力及び非認知能力が賃金に与える影響について」，*RIETI Discussion Paper*, 20-J-024.
安井健悟，佐野晋平，久米功一，鶴光太郎（2021）「中学の強制的な部活動がスキルとアウトカムに与える影響」，*RIETI Discussion Paper*, 21-J-046.
Altonji, J. G., Arcidiacono, P., and Maurel, A. (2016), "The analysis of field choice in college and graduate school: Determinants and wage effects," *Handbook of the Economics of Education*, Vol. 5, pp. 305-396, Elsevier.
Altonji, J., G. Blom, E., and Meghir, C. (2012), "Heterogeneity in human capital investments: High school curriculum, college major, and careers," *Annual Review of Economics*, 4, pp.185-223.
Card, D. (1999), "The causal effects of education on earnings," *Handbook of Labor Economics*, Vol. 3A, Elsevier Science B.V., chapter 30, pp.1801-1863.
Deming, D. J. (2017), "The growing importance of social skills in the labor market," *The Quarterly Journal of Economics, 132* (4), 1593-1640.
Deere, D. R. and Vesovic, J. (2006), "Educational wage premiums and the U.S. income distribution: A survey," *Handbook of the Economics of Education*, Vol.1, Elsevier B.V., Ch. 6, pp.255-306.
Kawaguchi, D., & Toriyabe, T. (2022), "Measurements of skill and skill-use using PIAAC," *Labour Economics*, 78, 102197.
Morikawa, M. (2015), "Postgraduate education and labor market outcomes: an empirical analysis using micro data from Japan," *Industrial Relations: A Journal of Economy and Society*, 54, pp.499-520.
Suga, F. (2019), "The returns to postgraduate education in Japan," *The Japanese Economic Review*, 1-26.

伊藤由希子

第5章

医療・介護の持続と健康

1　減らすことによる効率化，という発想

(1)「保健医療2035」再考

新型コロナウィルス（COVID-19）は人々の健康観に大きな衝撃を与え，健康でありたいという人々の希望を改めて明確にするものとなった。しかし，迅速なPCR検査の不足，重症者の受入の逼迫，ワクチン接種体制の混乱は，従前から指摘されていた日本の医療提供体制の脆弱さを露呈するものとなった。

一方で，日常生活の閉塞感は長く続いた。日本では，感染症による直接的な健康被害よりも，心身への間接的な健康被害のほうが大きかったともいえる。そのような中，人々の希望は健康を守る「医療・介護の拡充」が必要だという考えに向きがちである。実際に，感染症対策として多額の補助金を支出することで，目下の状況における拡充を図りつつ，問題を先送りしてきた。

しかし，「医療・介護の拡充」はどこまで必要なのだろうか。問題の先送り

を長期間続けることはできず，少子高齢化という先送りできない問題もある。財政の持続可能性の観点からは，医療・介護サービスの拡充は難しい。しかし，より重要なことは，財政の余力のあるなしに関わらず，今の「医療・介護」が本当に必要な水準かという議論である。

そこで本章では，健康を守るためには，「脱医療・脱介護」こそ必要だという考えを提示する。これは2015年の厚生労働省「保健医療2035」の報告書における，Lean Healthcare（保健医療の価値を高める），Life Design（主体的選択を社会で支える）という提言を参照している。

前者は「Lean」に，つまり，無駄な医療を省くことで，真に頼れる緊急時の医療と健康に気遣う平常時の医療を厚くするという提案である。後者は，「医療・介護がなければ健康を支えられない」という考えを転換し，高齢者の自主性を前提とした社会的処方（Social Prescribing），つまり健康につながるあらゆる社会的活動を試みることを提案している。

Lean Healthcareには何が必要か。前提として重要なのは個々の診療記録データだ。データが無いことが，客観的な議論をさまたげている。治療面での非効率をデータに基づいて可視化し，地域レベルでの機能分担を実装する必要がある。そのうえで，病床機能の再編を阻害している事象について，細かく取り除きながら，現場の意識を高めることが必要である。データを収集・公開し，政策議論を導くために，国や自治体が情報開示にむけて果たす役割は大きい。

Life Designとは，医療（病名のつく疾患の治療）や介護（身体的な介助）の担う役割は，生活のごく一部でしかなく，それだけが豊かな生活の決め手ではない，という主張だ。一見，医療的でも介護的でもない活動，例えば，本人の主体的な選択として，旅行をする，ゲームをする，農作業をすることなどこそ，生きる意欲を高め，フレイルや認知症を防ぐという結果が世界的に確認されている。結局は当事者の主体的な選択こそ重要だという考えである。

（2）脱医療・脱介護による健康実現

医療・介護はそもそも何のためにあるかといえば，人が健康になるためにある。つまり，健康を実現する手段の一つであって目的ではない。医療や介護を充実しすぎた結果，人が不健康になっては本末転倒だ。実際，主体的に健康を維持しようという意思が強ければ，安易に病院や医師に依存して相手に全部を任せることは少なくなる。しかし，現在は比較的低い自己負担で公的医療や介護へのアクセスが可能である。自分よりも専門家である医療従事者が勧める内容に対して，主体的選択がなかなかできない。

一方で，現在の環境が今後も続く可能性はとても低い。最大の理由は少子高齢化という社会の変化である。労働力人口が減少することは，不確実性の高い将来予測の中でも明確に予測可能な事象の一つだ。新しく社会に付加価値を提供する人口が減ってゆく分，一人当たりの付加価値の提供，つまり生産性が向上しなければ，需要も供給も減り，経済成長が抑制される。今までの公的社会保障を続けることは難しく，一定の供給抑制が入らざるを得ない。しかし，供給抑制が入って，仕方なく抑制するよりも，高齢者が医療や介護に過度に頼らず自立した生活とそれを支える環境を今から整備することが大切ではないか。

（3）日本の国民負担

図表5-1に示す国民負担率とは，租税負担及び社会保障負担を合わせた義務的な公的負担の国民所得に対する比率である。約48％（2020年）という数値は高く感じるが，実はOECD加盟国のうち36カ国中25位という水準で，比較的低位（低負担）である。ここで，注目すべきは財政赤字を含む，将来的に負担する部分である。約63％（2020年）という数値はOECDの上位国と同等の水準であり，負担率も社会保障負担率の伸びを上回り増えている。

つまり，将来世代から大幅に前借りする形の「低負担」で「高福祉」を提供していることになる。しかし，現状において社会保障だけ特別視できるのかという問題，そして，将来において，前借りができなくなってもそれを続けられるのかという問題がある。このままの財政の金銭感覚では社会保障以外に何もできない国になる。教育も大事，イノベーションも大事，防災も大事，交通アクセスも大事，環境，エネルギー，食料，デジタル環境も大事だと，様々な大事なことがあるのに，そういったことに対して公的な財政支出ができなくなるということだ。社会保障制度を見直さなければ，政策の優先度すらつけられない。

図表５-１　国民負担率の推移（1975～2022）

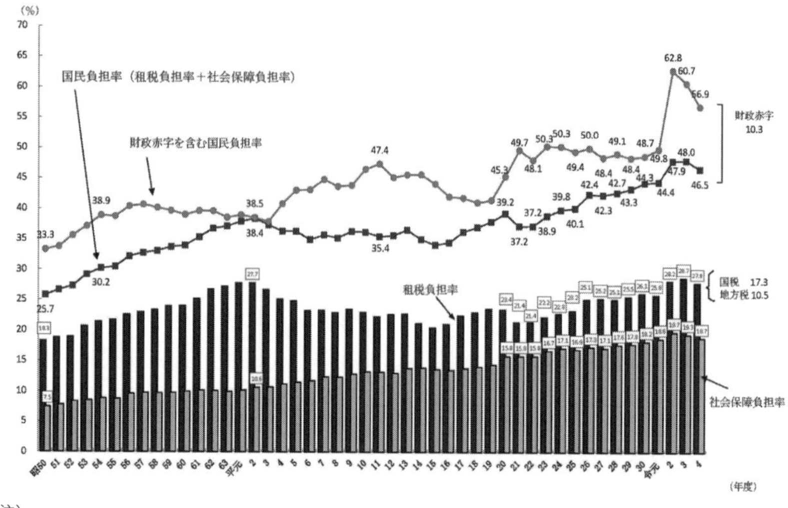

注）

１．令和２年度までは実績，令和３年度は実績見込み，令和４年度は見通しである。

２．財政赤字の計数は，国及び地方の財政収支の赤字であり，一時的な特殊要因を除いた数値。
具体的には，平成10年度は国鉄長期債務の一般会計承継，平成20年度は日本高速道路保有・債務返済機構債務の一般会計承継，平成23年度は日本高速道路保有・債務返済機構の一般会計への国庫納付を除いている。

３．平成６年度以降は08SNA，昭和55年度以降は93SNA，昭和54年度以前は68SNAに基づく計数である。
ただし，租税負担の計数は租税収入ベースであり，SNAベースとは異なる。

出所）財務省「負担率に関する資料」よりhttps://www.mof.go.jp/tax_policy/summary/condition/a04.htm

2　COVID-19が問う日本の医療提供体制
―機能分化の必要性―

（１）医療提供体制に関する誤解

COVID-19は日本の医療提供体制を考える契機だ。感染症対策の基本は二つあり，まずは感染者数のピークを遅らせるとともに，ピーク時の患者数を小さくすることである。これは医療提供体制への急激な負荷を緩和し，またピークに達するまでの時間稼ぎともなる。もう一つの対策は，その間に医療提供体制を強化することである。感染ピークを予測する数理的な推計はSIRモデルと呼ばれ，感染症の専門家会議での論点である。しかし，その間に医療提供体制を強化するという方策は，そもそも感染症学の領域でも，医学だけの領域でもないという難しさがある。

図表5-2 感染症対策の概念図

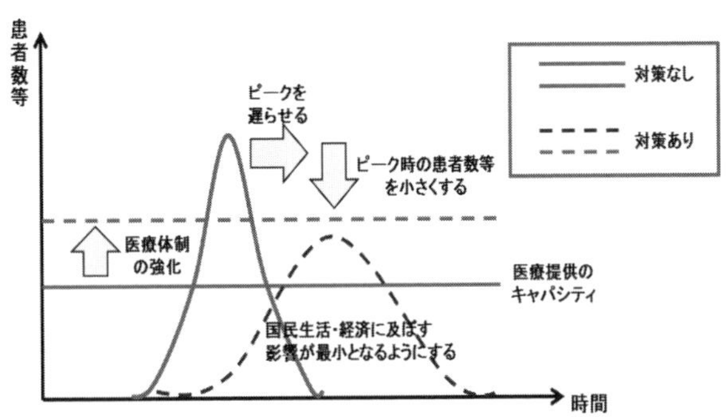

出所）内閣官房「新型インフルエンザ等対策政府行動計画」平成25年（2013年）6月7日

図表5-2は2011年に発生した新型インフルエンザを踏まえ，2013年にまとめられた政府行動計画である。しかし，今回の医療提供体制強化については，計画とは程遠かった。「医療提供体制が逼迫しているので，経済活動を自粛してください」という政府側からの要請が多く発せられた。

しかし本来は根本的な緊急事態の原因である医療提供体制側を直接的に強化するほうが，国内の経済活動全体を自粛させるよりも，はるかに犠牲が少なく，効果も高かったはずだ。

では，医療提供体制の強化とは何をすることだろうか。厚生労働省は「病床確保を最優先に」という対策をとった。病床逼迫といわれる状況にあっては，確かに病床数が医療提供体制の客観指標にも見えるが，筆者はこれは大きな誤解であると考えている。

医療提供体制の強化というのは，実は病院の病床を増やすことではない。日本では，すでに病床自体は多く，人口当たりの一般病床数は世界一である。実際，一般病床の3割は感染症拡大下でも空床であった。しかし人口当たりの医療職はOECDの平均値並みである。つまり，医療職が病床数に対して相対的に不足しており，病床不足というよりも人材不足というほうが適切だ。

図表5-3は医療提供体制の各国比較を示している。日本は病床数も急性期の在院日数も他国に比べ突出して多い。これは，病床数が供給過剰であるために，常態として長期の入院で調整している現象ともいえる。そして，1床当たり医師が0.2人ということは，医師1人当たりで5床（5人）に対応するということでもある。これを医療の密度と捉えるならば，平常時から低密度な医療体制といえる。

図表5-3 医療提供体制の各国比較

	病床数（人口千人当たり）	在院日数（急性期）	臨床医師数			病院数（人口10万人当たり）
			人口千人当たり	1床当たり	1病院当たり	
日本	13.0	16.1	2.5	0.2	37.7	6.6
ドイツ	8.0	7.5	4.3	0.5	113.9	3.7
フランス	5.9	5.4	3.2	0.5	69.8	4.5
イギリス	2.5	5.9	2.8	1.1	98.8	2.9
カナダ	2.6	7.5	2.7	1.1	141.0	1.9
アメリカ	2.9	5.5	2.6	0.9	136.7	1.9

出所）OECD Health Statistics（2020）

その日本の医療がCOVID-19によって，急に高密度に感染症の重症化や容態急変に対応することが求められた。平均的に低密度な医療が常態となっている現場では，高密度な医療，つまり1病床当たりに十分な人材を提供する機関は限られる。したがって感染症病床の確保が難しかった。つまり，病床が多いゆえに生じている人材の分散が，日本の医療提供体制の本質的な問題である。そのため，医療提供体制を根本的に強化するには病床を減らすことが必要であり，短期的には人材を集中的に配置する体制が重要なのだ。

一方で，病床を減らすといっても実際には簡単ではない。まず，病床の機能が不透明である。救急対応を行うとされる急性期病床だけを見ても，病床数が多いために様々な状態の患者が混在しており，病院間での機能分担ができていない。いわゆる有事に至っても，機能分担をするインセンティブが当事者にない。さらに，第三者がそれを調整する強力なガバナンスもない。特に民間の経営主体が所有する施設設備である病床について，行政が減らす法的な強制力はない。このインセンティブとガバナンスの不在こそが「医療逼迫」を招き，結果，経済活動の自粛を始めとする社会の様々な負荷につながった。

（2）医療提供体制強化の重点地域

では，医療提供体制について，どの地域から対策を考えてゆけばよいだろうか。大都市にも，過疎地域にもそれぞれの問題があるが，筆者が特に今後５～10年の大きな問題と考えているのが，中規模（人口10万人～30万人規模）の地方都市である。地方都市には，「病床が多いが，医療を担う人材が少なく，人口は減少してゆく」という日本の医療の全体像の縮図がある。

医療を救命救急の機能で分類すると，緊急性が高い重症患者を治療する三次救急，入院や手術を必要とする重症患者を治療する二次救急があるが，中規模都市はこの役割分担におけるポジショニングが難しい。地方の中都市は大都市と異なりすでに人口は減少している。一方で地方の歴史・文化の拠点として，持続可能な公共サービスを維持する必要がある。急な疾病や傷害の時に，すぐに医療を提供できるという機能もその一つである。

しかし，現状では，二次救急を担う中小の病院数が多い。小さい病院同士が競合するため，機能分担ができていない。一方で，地方都市における人口減少により，患者の需要も医療職の供給も減少しており，病院同士は患者も医療職も奪い合う状況だ。このままでは共倒れになりかねない。

こうした医療提供体制の問題は，病院の経営悪化や医療職の負担増加にとどまらない。患者に対する医療提供価値が低くなること，そして，それによる患者のQOL（生活の質）が低下することが重要な問題である。

例えば，患者は，重症の疾患を二次救急の病院で治療したものの，その後，在宅復帰に向けた態勢が十分でない。在宅復帰に向けた心身の回復には，医療的な診療行為よりも，理学療法・作業療法・言語聴覚のケアなどが重要である。現在はその回復期を担う機能が不足しており，適切なケアが受けられないまま急性期の病床に長期に入院することが多い。しかし，長期の入院では，体力が低下し社会復帰がさらに遅れることになりかねない。（伊藤・小谷 2022）

（3）山形県米沢市の事例

地方の中規模都市における急性期の治療体制を可視化した一例として，山形県米沢市の例を紹介する。米沢市は上杉氏（米沢藩）の城下町として，歴史ある史跡も多い。米沢市の医療圏（地域医療の単位）は置賜（おきたま）保健医療圏と呼ばれ，2020年の人口規模は約20万人，2035年の推計人口規模は16万人である。

米沢市の急性期医療は，市立病院（約300床）と民間病院（約200床）がその大多数を担ってきた。しかし中小規模の病院同士が，相互の距離も近いにもかかわらず，それぞれ急性期を担うことは，人口も減少し，医療職の確保も難しくなる中，持続不可能である。

そこで，**図表5-4**にあるように，2017年に病院の再編統合が必要だという提言が米沢市に出された。現在2023年に，市立病院（米沢市立病院）が急性期医療に特化し，民間病院（三友堂病院）が回復期医療に特化する形で，地域医療連携推進法人を設立して両者の医療機能を再編することとなった。

図表5-4　米沢市における急性期医療の機能再編検討の経緯

2017年1月	「米沢市医療連携あり方検討委員会」を設置（2017年11月意見書） 三友堂病院と米沢市立病院を地域医療連携推進法人の下で統合する案を提言
2018年2月	米沢市立病院の現地建替え，および隣接用地に三友堂病院の新築移転を行う整備計画を市議会に提出
2021年1月	米沢市立・三友堂・三友堂リハ病院が厚生労働省の「重点支援区域」に選定
2023年 （予定）	地域医療連携推進法人を設立予定（市立病院敷地内に新病院を建設中） ※病床数は627床→469床を予定 • 米沢市立病院は322床→270床程度（急性期に特化）に再編 • 三友堂病院185床，および，三友堂リハ病院120床を統合後，199床程度（回復期・慢性期に特化）に再編

出所）米沢市（2018）「米沢市医療連携あり方に関する方針について」および山形県健康福祉部（2021/01/22）「地域医療構想の実現に向けた国による重点支援区域の選定について」を基に，伊藤他（2022）にて作成。

伊藤ほか（2022）では，米沢市内の2急性期病院と，同じ医療圏で3次救急を担う公立置賜総合病院の，複数の疾患における治療実績を比較している。その一例は大腿骨骨折である。症例は高齢女性に多い。大腿骨骨折自体での死亡率は低いが，歩行に支障がある。そのまま動けない状態で過ごすと廃用症候群になり，生理的機能も弱ってしまう。できる限り早期に手術を行い，専門的な歩行訓練などリハビリに取り組む必要性がある。

大腿骨骨折は，身体機能の維持という点で，長い入院を避けるべき疾患の一つであるが，平均在院日数には幅が大きい。**図表5-5**はそれらを比較した表であり，全国の標準的な入院期間（期間Ⅱ）を超える入院の割合は，米沢市立病院で6割近い。一方で自宅退院の割合は3割と，他の医療機関より高い。米沢市内の急性期病院は，地域包括ケア病棟という回復期の病棟機能があり，同院内で自宅退院可能な水準までのケアを担っている。大腿骨骨折に関しては，米沢市立病院は事実上，回復期の診療機能となっている。

各病院の治療の結果について，日数だけで測ることはできないが，少なくとも，どの病院に入院するかによって治療の過程が大きく異なることは確かだ。米沢市は救急輪番制を採っており，夜間休日の救急医療を分担している。ただし，輪番制は治療の同質性を担保するものではないし，現実として同質の治療

図表5-5　大腿骨骨折の入退院の病院間比較

置賜地域3病院に入院した大腿骨骨折（ICD10:S720,S721）の入退院の比較

2014年4月～2020年3月の入院症例数	合計	期間Ⅱ以内	期間Ⅱを超える入院の割合	期間Ⅲを超える入院の割合	自宅退院の割合	転院の割合
三友堂病院 うち地域包括ケア病棟入院の割合	385	66.7%	13.8% [37.7%]	19.5% [37.7%]	14.5%	72.0%
米沢市立病院 うち地域包括ケア病棟入院の割合	352	15.3%	57.4% [14.9%]	27.3% [75.0%]	29.6%	58.7%
公立置賜総合病院	1,052	89.90%	9.6%	0.5%	10.7%	73.6%

出所）山形県DPC準拠データ（山形大学大学院医学系研究科）より作成。

は難しいことが一つの疾患だけを見てもわかる。

問題はこうした比較が可視化されていないことである。**図表5-5**はDPCという疾患単位の入院記録の個票を用いている。匿名化された情報であるが，個人特定の可能性があるとされる要配慮個人情報であるため利用には制約がある。

しかし，問題の大きさを考えれば，地域の中で，どの病院のどの診療機能を持続すべきかを具体的な情報で議論しながら，地域医療の機能再編を考えていくことのほうが重要とも思われる。客観的な判断材料が極めて少なく，情報が存在していても利活用が難しいことは大きな問題である。今後，適切な情報の利活用を進めながら，治療の地域内の差を示していくことが重要である。

（4）機能分化を促すプライマリ・ケア

病床数や在院日数にみられるように，外形的には供給の多い日本の医療資源が，COVID-19に対して，まったく機動的に対応することができなかった。これは「供給が多かったので，（つまり平時から機能分化が働いていなかったので）適応力がなかった」という問題ともいえる。機能分化をうまく図るには病院再編は不可避であり，いざというときに頼れる医療をより強化することが第一に重要である。

しかし，そのためには，現状で入院しており，医療的なケアは必要としないが，生活の自立が難しい患者を「どこか」で受け入れる必要が出てくる。いわゆる受け皿，をどうするかという問題である。また，本来は入院サービスが充実するよりも，予防サービスが充実する方が住民の健康増進につながるはずだ。やみくもにとりあえず入院，という選択を避ける必要がある。

COVID-19では，療養先・入院先の調整を保健所が引き受けて業務の逼迫に至ったが，保健所のない国ではこれらの役割はプライマリ・ケアが担っている。地域において，日ごろから住民の健康相談を引き受け，住民一人ひとりにあったアドバイスをする家庭医・看護師・保健師・薬剤師などの専門職である。

日本では，日ごろ「かかりつけ」として通っていたはずの医療機関が住民の不安や疑問に応える存在としてほとんど役割を果たさなかった。保健所に期待も不満も集中した背景には，このような貧弱なプライマリ・ケアがある。結局のところはプライマリ・ケアの厚みがなければ，入院が安易な選択となってしまう。日常的なケアはなるべく病床に頼らず行うことと，総病床を絞って医療職の人材を急性期に集約することは表裏一体の関係である。急性期の再編とプライマリ・ケアは同時並行で議論すべき問題だ。

3　健康を実現するために医療介護以外の資源を用いる

（1）健康の社会的決定要因

健康を実現するのは，結局は個人の生きる意欲の強さと，それを支える社会である。その中で，医療や介護などのサービス（質・アクセス）の果たす役割は20％程度でしかないことは疫学的分析のコンセンサスになりつつあるとNash et. al（2019）は述べている。健康の要因の10％は物理的な生活環境（衛生・交通），20％が医療，30％が日常の行動（食事や運動），40％が社会経済的要因（教育・所得・雇用・家族や社会・治安）であるとのことだ。

健康を形作るものは個人の生活習慣，遺伝的要素よりも，社会的なネットワークや生活環境であるという検証結果は，英語ではSocial Determinants of Health，日本語では健康の社会的決定要因と呼ばれている。

この社会的決定要因というのは決して所与のものではなく，社会が知恵を出しあうことで様々な工夫が可能な領域である。社会的なネットワークや生活環境によって，健康を実現する試みとして，例えば農福連携は有名である。農業は若年層の人手が足りない，福祉では，例えば障害者にとっての生きがいが足りない。そこで，障害者が農業に取り組むことで，農業にも担い手が生まれ，障害者にとっても社会におけるやりがいができ相乗効果があるという成功例である。

最近ではｅスポーツなども話題である。高齢者がデジタルに強くなるとともに，反射神経をトレーニングでき認知症の予防になる。しかもｅスポーツを通じた交流ネットワークも生まれるという。こうした一人ひとりの能動的な取り組みこそが，本来は健康の源であり，個人が生き生きと活動できることは地域にとってももちろんプラスである。

仮に医療的ケアが必要な段階になったとしても，医療サービスだけでは健康は回復しない。医療が必要な段階になると，多くの場合，自分の健康に付随する，さまざまな問題が発生する。住まいの問題や，仕事の継続の問題，資産や負債など経済的な問題，家族やペットなどとの生活，そうした悩みが健康をさらに悪化させてしまうこともある。しかしそれは医師や医療機関で解決できる問題ではないので，社会の様々なリソースで解決する必要がある。それが「社会的処方」と呼ばれる考え方だ。

（2）社会的処方

医療的な「処方」では，例えば医療機関で検査数値が悪くても，薬を処方し，「家で生活改善を頑張ってください」と医師が自宅に帰すだけだった。しかし，その人がもし独居でケアをしてくれる人も他にいなければ，やはり自分だけでセルフケアはできない。医師も諭しながらも半ば諦めているし，患者も自暴自棄になる面がある。

そういった，病気のケア以前の社会生活上の問題について，リンクワーカーと呼ばれる方が悩みを聞いて，地域の資源（行政やNPO団体）につなぐ試みがある。患者の社会生活への希望を引き出し，健康を取り戻す機会を「処方」することが重要であり，社会参加の機会そのものを処方することが，「社会的処方」の役割である。

英国では，2016年から社会的処方についての全国的なネットワークが構築され，既に仕組みが稼働している。リンクワーカーは，診療所や慈善団体などに所属する非医療者で，社会的，精神的なケアを主に担う。日本においては公的機関に属するソーシャルワーカーが一人ひとりの相談に応じるという点では近い役割である。リンクワーカーが日本のソーシャルワーカーと異なるのは，対象者の状況に応じて，趣味や社交のクラブを紹介したり，仕事やボランティア活動を紹介したりもする点である。行政の所管業務の中での役割にとどまるのではなく，社会のリソースを幅広く「処方」することが試みられている。

日本の「社会的処方」も，全省庁的に幅広くとらえるべきだ。例えば，法務省の管轄の活動で，人権相談の窓口からできることがある。スポーツ庁の管轄の活動で，地域住民が参加するスポーツイベントから展開できることもある。

あらゆる省庁で，高齢者がもっと生きがいを持って，希望を持って，生産的であるためには，何をすればいいのだろうということを考えることが重要だ。厚生労働省の医療介護連携課だけに任せられる課題ではない。

高齢者の生きがいや健康は，高齢化を迎えて独り暮らしが増える国に共通の課題である。英国で2018年に孤独担当相（Minister for Loneliness）が誕生したことを受けて，日本でも2021年に孤独・孤立対策担当大臣が任命された。

（3）社会的処方の医療費・介護費に関する影響

こうした社会的処方，社会的予防，といった試みが国の医療費や介護費を節減する効果があるのかという点が話題になる。これについて，結論からいえば決定的なコンセンサスがあるわけではない。ただし，介護については，一定の期待が持てることが示されている。

医療費の場合は，有名な議論の例がある。皆がたばこをやめれば，肺がんになるリスクは軽減し，肺がんの医療費は減る。しかしその結果，将来皆が長生きして慢性疾患が長期に続き，医療費を必要とするようになる。結局医療費へのマイナスとプラスの効果は相殺する，というものだ。ただし，この議論は医療費しか見ていない。重要なのは，人々にとって，長生きすることの幸福感（ウェルビーイング）があるかどうかということだろう。

介護については，介護度の軽減が図られたことで，後になって反発的に介護度が重くなるということがない。医療は一旦どこかで節約しても，また後になって大きくかかる可能性があるが，介護の場合は健康になれば介護費用は全体的にマイナスになる。臨床的な観点からすれば，医療費用よりも財政的な節減効果が期待できるだろう。

日本のデータでも，Saito et. al（2019）では，社会的なつながりがある人のほうが，ない人よりも介護費が有意に低いという結果が出ている。これは傾向スコアマッチングという手法を使って，実験参加前は社会参加や健康の指標が同程度だった人をペアとして比較し，実験後の介護費の変化の差を比較したものである。

図表5-6　趣味やスポーツへの参加頻度と，死亡率・介護費

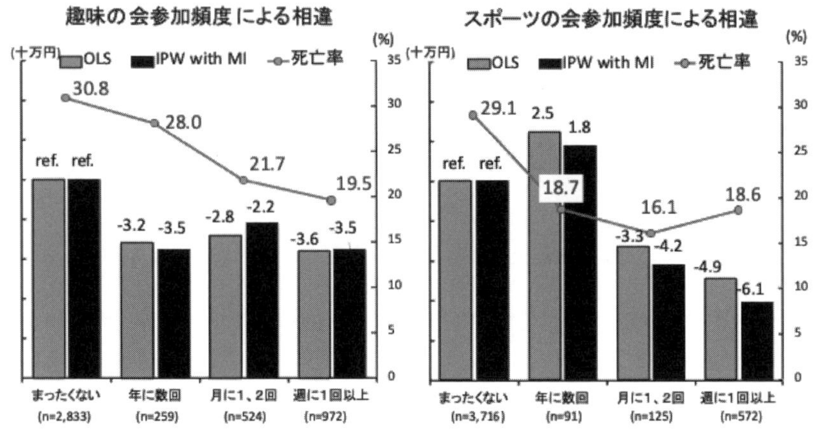

注）OLSは，2006年時点の性別・年齢・治療疾患の有無，修学年数，等価所得，婚姻状態，世帯構成，健康度自己評価を調整。不明はダミー変数にして投入。IPWwithMIは，同変数の欠損値を多重代入法で補完後，各社会参加頻度への該当しやすさを推定し，その逆数を調整したもの。
（Saito et al（2019）より引用（一部改変））

図表5-6の結果によれば，週１回以上，趣味やスポーツの会に参加した高齢者の間では11年間で30～50万円/人程度，介護費が低い。この間の死亡率についても10%程度の差がみられる。介護度が低い方が生活の自立度も高い。結果として，数値化はされないものの幸福感（ウェルビーイング）の高さにもつながると考えられる。

さらに，「社会的処方」という自治的な活動そのものが地域社会の持続のための社会的資本（ソーシャル・キャピタル）であることを踏まえれば，これ自体が社会基盤を維持する投資であり，長期的な正の外部性（社会的な恩恵）があるとも考えられる。一つ言えることは，単に，医療費や介護費が抑制できるかどうかだけが社会的処方の成果尺度にはならないということだ。

4　医療・介護の持続と健康

本章では，人口減少社会・少子高齢化社会における，医療・介護と人々の健

康の維持をどのように持続するかという観点で課題を論じた。今後20年の日本においては，行政であれ，民間であれ，「いかに持続するか」が課題になる。供給の規模も，需要の規模も，人口減少という静かな有事に直面している。

供給能力が減る一方で，需要の拡大が見込まれる医療・介護については，人口構成において高齢者の割合が高いこともあり，政治的には「高福祉」を求める声が強い。一方で，税や社会保険料における現状の「低負担」では財政的に維持できず，国債発行で財源を賄っている。このアンバランスの先送りの付けは将来世代が負うことになる。

医療・介護の大部分が公的保険制度によるサービスであることから，給付と負担の財政バランスに関する議論は避けて通れない。特に，給付と負担は是正が先送りされがちであり，構造的な問題がある。その意味で，医療・介護はすなわち財政の問題である。

ただし，本章では，財政問題を仮に抜きに考えたとしても，今の「医療・介護」が本当に必要かという問いを取り上げた。高齢社会において本源的に持続すべきは人々の健康であって，「医療・介護」はあくまで健康を持続するための手段にすぎないという考えからである。その観点から考えると，「脱医療・脱介護」は，財政のためだけではなく，人々の健康のためにも重要である。

その根拠の一つは，提供体制のある種の過剰がむしろ医療サービスの逼迫を招いたというCOVID-19の反省である。かつて人口増加とともに病院数・病床数が拡大した結果，地方都市（10万人）当たり，200床前後の病院が６～７病院存在するという資源の分散を招いた。似たような医療機能を提供して患者を奪い合う構図となり，長期入院を手薄な人材で支える形となった。その結果COVID-19では，病床はあるが医療はできない，という状態が露呈した。

脱医療とは，脱病床のことであり，病床を減らすことで集約的な急性期の治療とその予後を担う回復期やプライマリ・ケアに既存の医療資源を配分してゆくことが必要だ。病院の医療機能の再編は急務である。これは医療を病床・病院数という点で「Lean」にすることであるが，その目的は医療の価値を高めるためである。再編には具体的な診療のデータの比較が欠かせない。これらを当たり前に使えるようにしなければならない。

脱介護も同じである。単に，公的サービスの給付水準を減らすということではない。介護だけが高齢者の生活や生きがいを支える手段ではないので，もっと医療・介護以外の社会的な資源を活用して，それらを主体的に活用することが重要である。それにより，高齢者が単に介護を受動的に利用する存在ではなく，主体的に社会参加を選択する存在になる。それ自体が介護予防になるほか，高齢者の生きがいにつながる。さらに，高齢者の生活を支える様々なサービスの提供を通じて，社会の持続につながる様々な社会的資本を強化することにもつながる。

脱医療・脱介護は，決して財政的な要請による「背に腹は代えられない」選択ではない。むしろ，一人ひとりの生きがいのため，そして日本が社会として持続するための知恵を絞り，個人と社会が能動的に選択すべきものだ。

参考文献――――――――――

伊藤 由希子, 池田 登顕, 菅家 智史, 葛西 龍樹, 村上 正泰（2022)「山形県置賜二次保健医療圏における急性期病院の治療アウトカムの比較」,『フィナンシャル・レビュー』財務省財務総合政策研究所 編, Vol.148, pp.94-128, 2022-03.

伊藤由希子・小谷和彦（2022)「地域医療構想；今後の行方を含めて」,『医療と検査機器・試薬』Vol.45, No.3, pp.177-183.

厚生労働省「保健医療2035」提言書（2015)

Nash, David B., Skoufalos, Alexis., Oglesby, Willie H., Fabius, Raymond J. (2019) "Population Health: Creating a Culture of Wellness with Navigate 2 Advantage Access." Jones & Bartlett Learning, LLC.

Saito, Masashige, Jun Aida, Naoki Kondo, Junko Saito, Hirotaka Kato, Yasuhiro Ota, Airi Amemiya, and Katsunori Kondo. "Reduced long-term care cost by social participation among older Japanese adults: a prospective follow-up study in JAGES." *BMJ open* 9, no. 3 (2019) : e024439.

権丈善一・有利浩一郎・山下護

第6章

社会保障と財源論[1]

1　社会保障の意義

社会保障の意義の一つにリスクに対する保険の機能がある。例えば，健康保険制度について言えば，病院で診療を受けた際に，自己負担額が３割に限定され残額を公的保険からの給付で負担したり，自己負担額が高額となった場合に限度額以上の部分を公的保険から給付したりすることにより（高額療養費制度），病気がちになったり大病をしたりした場合でも，安心して医療サービスを受けられる仕組みとなっている。

これにより，国民は，こうした予想困難なリスクに備えて余分な貯蓄を保有しておく必要がなくなり，その分を消費に回すことが可能になり，それに対応して生産が増加するという意味で，安定的な経済成長にも貢献する。

また，全ての国民が健康保険に加入し，医療サービスに対して公定価格を設定することにより，提供側の事情で価格が上昇し，医療サービスへのアクセスを遮られることを防ぐことができる。

社会保障の意義としては，所得再分配の機能もある。例えば，高齢者となって退職し，収入がなくなったとしても，年金制度があることにより，国民の25％以上の世帯が所得ゼロの世帯になることを防げている。

図表6－1　日本の所得階層別の世帯分布（2019年）
～中間所得層の増大が経済成長に不可欠～

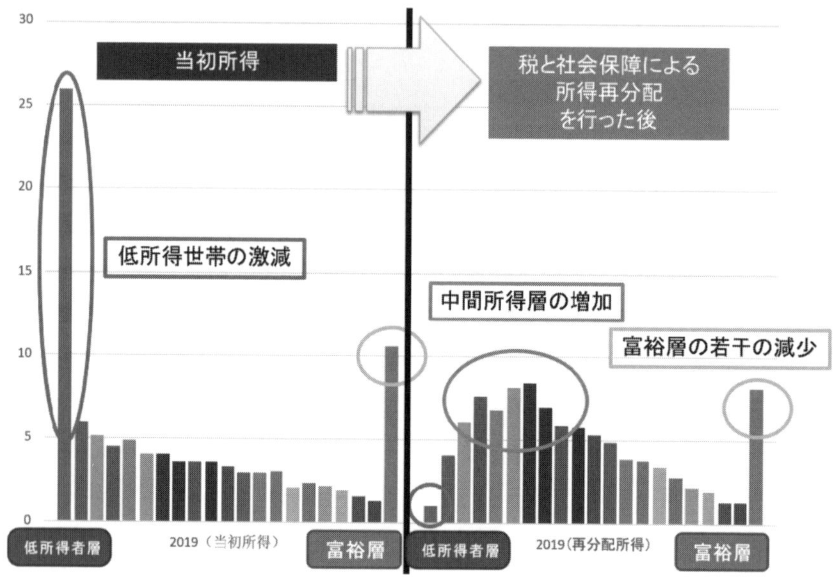

出所）『平成29年所得再分配調査』より筆者が作成。

加えて高齢者の多い地方に中央から所得を再分配してもいる（島根県の公的年金給付対県民所得比は18.2％，対家計最終消費支出比23.5％（2017年））。再分配により，一定の消費水準が確保され，それにより雇用，生産水準が維持されるという意味で安定的な経済の循環を支えているとも言える[2]。こうした所得再分配の機能は，収入の少ない高齢世帯や地方がより恩恵を受けるという意味で，健康保険制度や介護保険制度にもみられる。

さらに社会保障は経済安定化の機能を果たしている。失業保険制度などは，景気が悪いときに失業した労働者に対して給付を行い，景気が良いときは積立金を増やすというように，保険制度の収支はカウンターシクリカル（景気変動抑制的）に変動する。また，年金・医療・介護といった社会保障制度についても，景気の良し悪しにかかわらず安定的な所得やサービスの給付を可能にするという意味で，景気変動に対して抑制的に働くことになる。

2　資産の配分状況の考慮の必要性

再分配の文脈では，所得のみに着目して格差の議論がなされることが多いが，社会保障制度の恩恵を多く受ける高齢者層は，金融資産を多く保有しており[3]，かつ，収入が少ない世帯でも金融資産を比較的多く保有している。社会保障制度による再分配機能を十分発揮させるためには，こうした金融資産の配分の状況も考慮する必要がある。

3　社会保障と財源構成

社会保障給付は2019年度予算ベースで123.7兆円であるが，その財源構成を厚生労働省作成の棒グラフで見ると，おおむね保険料が6割，税が4割となっている。この4割分の「税」とされる部分のうち，3割弱分は国庫負担となっており，ここが財務省作成の円グラフの一般会計歳出総額における社会保障関係費に対応している。この社会保障関係費は一般会計歳出の34％を占めており，国の歳出の中では最大の経費となっている。

図表6-2　厚労省作成の「社会保障給付と負担」と財務省作成の「社会保障関係費」

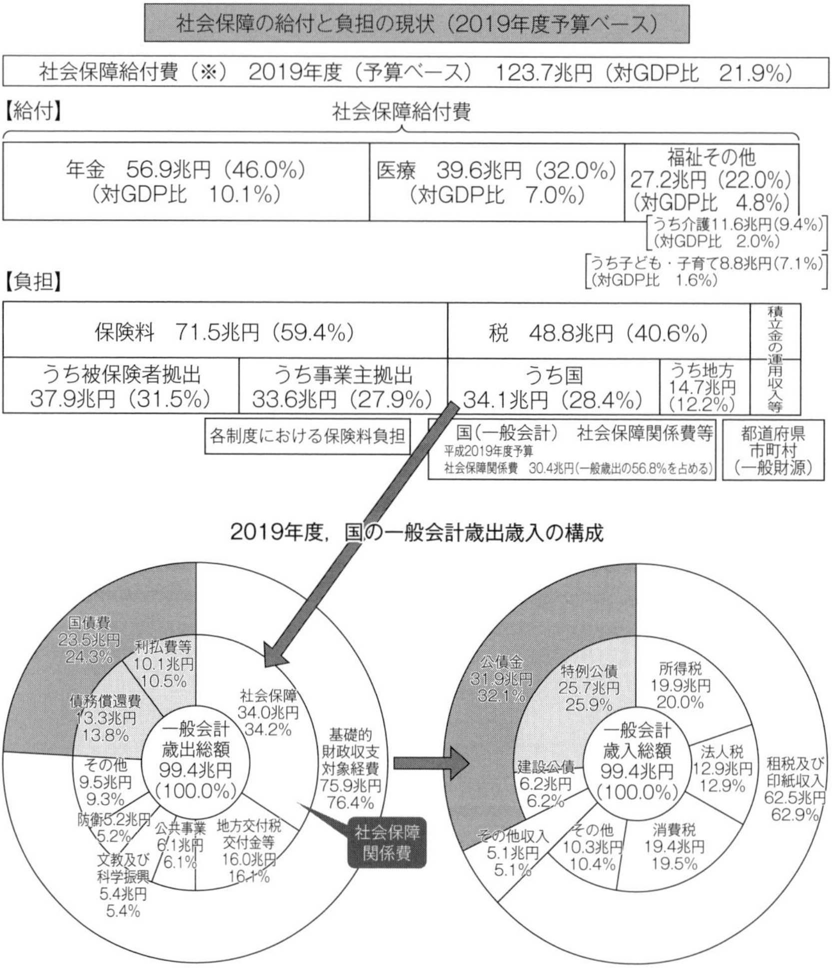

社会保障の給付と負担の現状（2019年度予算ベース）

社会保障給付費（※）　2019年度（予算ベース）　123.7兆円（対GDP比　21.9%）

【給付】　社会保障給付費

年金　56.9兆円（46.0%）（対GDP比　10.1%）	医療　39.6兆円（32.0%）（対GDP比　7.0%）	福祉その他 27.2兆円（22.0%）（対GDP比　4.8%）

［うち介護11.6兆円(9.4%)（対GDP比　2.0%）］

［うち子ども・子育て8.8兆円(7.1%)（対GDP比　1.6%）］

【負担】

保険料　71.5兆円（59.4%）		税　48.8兆円（40.6%）		積立金の運用収入等
うち被保険者拠出 37.9兆円（31.5%）	うち事業主拠出 33.6兆円（27.9%）	うち国 34.1兆円（28.4%）	うち地方 14.7兆円（12.2%）	

各制度における保険料負担

国（一般会計）　社会保障関係費等
平成2019年度予算
社会保障関係費　30.4兆円（一般歳出の56.8%を占める）

都道府県
市町村
（一般財源）

2019年度，国の一般会計歳出歳入の構成

一般会計歳出総額 99.4兆円（100.0%）
国債費 23.5兆円 24.3%
利払費等 10.1兆円 10.5%
債務償還費 13.3兆円 13.8%
社会保障 34.0兆円 34.2%
基礎的財政収支対象経費 75.9兆円 76.4%
その他 9.5兆円 9.3%
防衛5.2兆円 5.2%
公共事業 6.1兆円 6.1%
文教及び科学振興 5.4兆円 5.4%
地方交付税交付金等 16.0兆円 16.1%
社会保障関係費

一般会計歳入総額 99.4兆円（100.0%）
公債金 31.9兆円 32.1%
特例公債 25.7兆円 25.9%
建設公債 6.2兆円 6.2%
所得税 19.9兆円 20.0%
法人税 12.9兆円 12.9%
租税及び印紙収入 62.5兆円 62.9%
消費税 19.4兆円 19.5%
その他 10.3兆円 10.4%
その他収入 5.1兆円 5.1%

出所）権丈（2020）（初版2016）『ちょっと気になる社会保障　V3』p.124。

一方で，円グラフの一般会計歳入総額を見ると，税やその他の収入で賄えているのは歳出総額の7割弱で，残りの3割強は国債によって賄われている状況にある。厚生労働省作成のグラフでは国庫負担は「税」と記載されているが，実際には国債で賄われている部分が多くあるというのが実態である。

我が国の財政においては，こうした多額の財源不足の状況が恒常化し，そのための国債発行を通じて債務残高も累増している。このため，政府においては，近年，毎年の社会保障関係費については，その実質的な増加を高齢化による増加分に相当する伸びにおさめることとしており，例えば2015年度当初予算と2020年度当初予算を比較すると，社会保障関係費の伸びは５年間で2.4兆円（１年で5,000億円程度）となっている。最近の社会保障費は，自然状態だと年に6,000億から7,000億円増えていくことから，厚生労働省は，毎年度自然増から1,000億円から2,000億円に上る給付カットを何らかの制度改革によって行わなければならない。

図表６－３　一般会計税収，歳出総額及び公債発行額の推移

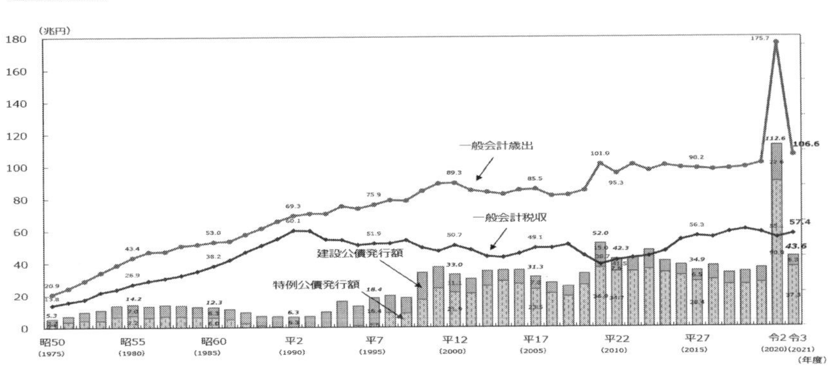

出所）財務省。

４　財政・社会保障の持続可能性の確保

財源不足を多額の国債発行で賄っている状況，そして，過去発行した国債の償還のために多額の借換国債の発行を継続せざるを得ない状況を考えると，中長期にわたる財政の持続可能性を確保し，国債市場からの信認を確保することが必要である。

また，社会保障給付の３割を国庫負担で賄っている状況を踏まえると，社会保障の持続可能性を確保するためには財政の持続可能性の確保が不可欠である。近年の消費性向の低下の背景として，老後や医療等に対して将来的にどの程度

費用がかかるのか予想できないという不安があると指摘されており，必要な政策的経費を税財源で賄えず債務残高が累増する状況が続けば，社会保障の持続可能性に対する不安から貯蓄が増加して消費が抑制され，社会保障の保険機能や再分配機能による消費の維持促進の効果が無に帰しかねない。

さらに，2022年度からは団塊の世代が後期高齢者となり，医療・介護分野を中心に社会保障給付がさらに増加することが避けられない状況である。

したがって，医療・介護の質を高めつつニーズに応じたサービスとなるような効率化，所得や資産の水準ではなく年齢によって受ける給付が異なる仕組みの見直し等を進め，社会保障給付の伸びのコントロール，給付の効率化を進める必要がある。同時に，高齢化に伴って必要となってきた社会保障関係費の大幅増が特例公債の増加，そして国債残高の累増につながってきた歴史を踏まえれば，社会保障制度の安定を図るために不足する部分についてしっかりと財源調達を行っていくべきである。

図表6-4　社会保障は悪者か？

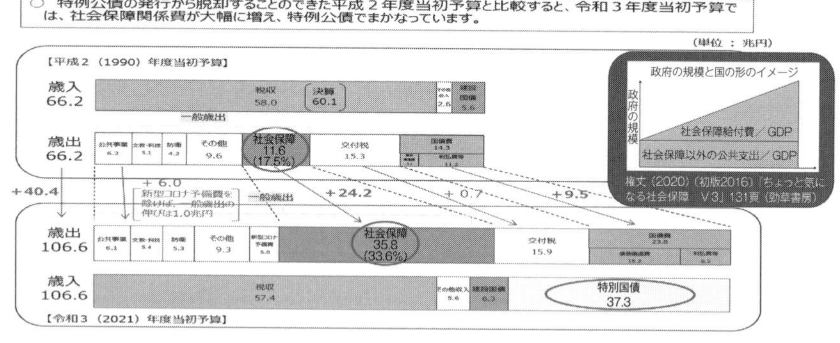

出所）財務省資料に筆者加筆。

5　債務残高対GDP比とプライマリーバランス

財政の持続可能性を考える上でよく用いられる指標は債務残高対GDP比である。この，債務のストック指標とプライマリーバランスという債務のフロー指標を結びつけるドーマー条件の理解は，不可欠である。

プライマリーバランスとは税収等（T）から，利払費を除く政策的経費（G）を差し引いた収支（T－G）である。一方，債務残高（B）は，毎年，このプライマリーバランスと利払費（債務残高×名目金利）の分だけ増加する。このため，プライマリーバランスが少なくともゼロとなるように財政運営を行えば，名目金利（r）と名目成長率（g）が同程度であるとの前提に立った場合には，利払費分の債務残高の増加分を名目GDP（Y）の増大で打ち消せることになる。逆に言えば，少なくとも名目金利と名目成長率が等しいという前提の下では，プライマリーバランスが達成されなければ，債務残高対GDP比は発散していく。このように，プライマリーバランスというフローの概念を債務残高対GDP比というストックの概念と結びつけて理解することが重要であるのだが，この理解を欠いたまま財政運営の議論に参加する者が多いために，議論が混乱している側面がある。

図表6-5　財政の持続可能性とは？　――ストックで見ると

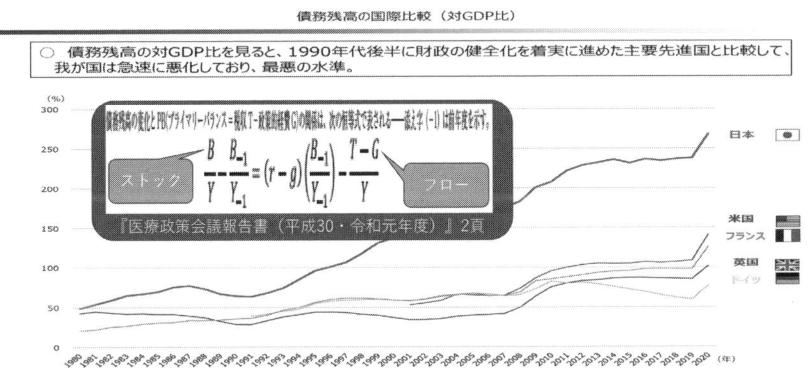

出所）財政制度等審議会・財政制度分科会（2020年10月1日）に筆者加筆。

なお，現在，国債が国内で順調に消化されているからと言って，将来もそのような状況が続くとは言えない。仮に，国債の消化がうまくいかなくなれば，現在の国債発行規模を前提にすれば，財政支出を大幅にカットするか課税対象を広くとった大幅な増税を行わざるを得なくなり，国債（又は国債を保有する金融機関への預金）を持たざる者から国債（又は国債を保有する金融機関への預金）を持つ者への所得の移転という，いわば所得の逆再配分が生じることになる。

また，緩和的な金融政策の下では，債務残高やプライマリーバランスを気にせず国債を大量に発行しても問題はなく，将来，過剰なインフレが生じて初めて，財政支出をカットしたり増税したりすることで市中に過剰に出回っている資金を吸収すればよいとの論もある。その場合には，財政支出の大きな部分を占める社会保障給付の大幅カットは免れない。一方で，日本銀行も資金吸収のために保有する国債を売らざるを得ないため，国債の金利も上がらざるを得ないし，それをできるだけ回避するために国債の発行量を減らそうとすれば，やはり財政支出のカットや増税が必要となる。

しかしながら，過剰インフレ時に，財政支出カットや増税を行うことができると想定していることに無理があるし，仮にそうしたことができるとすれば，国民生活を極めて困難な状況に陥れることになる。このため，リスクマネジメントの観点からは，そうした事態に陥ることを万が一にも避けることが肝要であり，具体的には，債務残高の対GDP比が発散していくことのない財政運営，すなわち，プライマリーバランスの黒字化を達成する財政運営が求められる。また，その際には，名目金利が名目成長率を上回る局面が来る可能性も視野に入れ，少なくとも名目金利は名目成長率と同程度であるとの前提に立って財政運営を考えていく必要がある。

6　将来の社会保障費の規模

以下は社会保障を論じる上での基本だが，2018年５月22日の朝刊の見出しである。ここに，2040年の社会保障給付費は６割増の190兆円という言葉が並んでいる。これらの記事は限りなく誤報に近い。

図表6-6　将来の社会保障費の語り方①
政府が2040年の社会保障給付費を試算

- 2018年5月22日
- 日経新聞
  - **社会保障費，40年度6割増の190兆円**，政府推計，介護は2.4倍，支え手急減で負担増
- 朝日新聞
  - **社会保障給付「190兆円に」**高齢者数ピークの40年度
- 毎日新聞
  - 社会保障費：給付68兆円増　**2040年度，政府推計190兆円**
- 読売新聞
  - **2040年社会保障給付　190兆円**　政府推計　高齢化で現在の1.57倍
- 産経新聞
  - **社会保障費，190兆円に膨張**　政府推計　2040年度給付　1.6倍

1994年に出された医療費の2025年見通しは141兆円だった。2000年に2025年の医療費が試算されたときは81兆円で，2006年になされた2025年医療費試算では65兆円。こうした状況を受けて，医療費抑制機運を高めるために厚労省が高めに見積もってきたと言って盛り上がり，国会でもそういう議論がなされていた。

だが，1994年や2000年，2006年に将来の医療費を試算したとき，同時に2025年の国民所得も試算をしている。試算した国民所得で医療費を割ると，この時代は全部12.5%ぐらいで安定している。

2007年に「医療費の将来見通しに関する検討会」が開催された。図表6-7は，第3回会議における資料である。つまり，成長率と医療費の伸びは関係しており，成長率が高いときに試算すれば，2025年度の医療費が141兆円に試算され，経済が鈍化したときに試算したら65兆円になったというだけの話である。

図表6-7　「医療費の将来見通しに関する検討会」
第3回配付資料（2007年3月22日）

過去に行われた将来見通しにおける経済成長率の仮定と国民医療費の伸び率の関係をみると、いずれの将来見通しにおいても、概ね、経済成長率＋2%程度となっている。

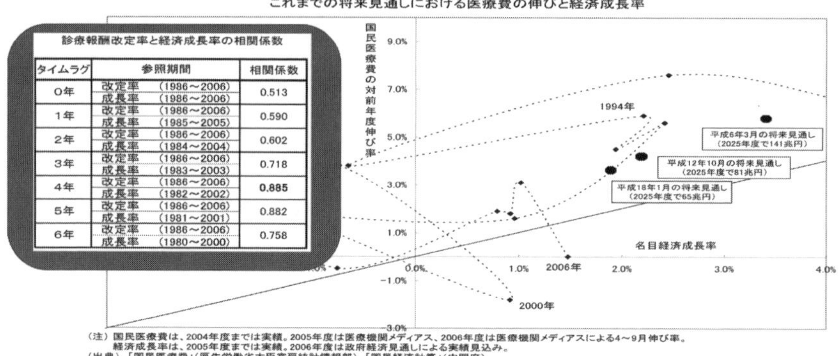

診療報酬改定率と経済成長率の相関係数

タイムラグ	参照期間	相関係数
0年	改定率　（1986～2006） 成長率　（1986～2006）	0.513
1年	改定率　（1986～2006） 成長率　（1985～2005）	0.590
2年	改定率　（1986～2006） 成長率　（1984～2004）	0.602
3年	改定率　（1986～2006） 成長率　（1983～2003）	0.718
4年	改定率　（1986～2006） 成長率　（1982～2002）	**0.885**
5年	改定率　（1986～2006） 成長率　（1981～2001）	0.882
6年	改定率　（1986～2006） 成長率　（1980～2000）	0.758

（注）国民医療費は、2004年度までは実績。2005年度は医療機関メディアス、2006年度は医療機関メディアスによる4～9月伸び率。
経済成長率は、2005年度までは実績。2006年度は政府経済見通しによる実績見込み。
（出典）「国民医療費」（厚生労働省大臣官房統計情報部）、「国民経済計算」（内閣府）

出所）厚生労働省。

そこで，「医療費の将来見通しに関する検討会」は，医療費は経済動向の影響を受けるという報告書をまとめる。

この報告書に基づいて，それ以降，将来の医療費を試算する場合には，先にGDPの伸びを仮定して，それ以上に医療費がどれほど伸びるかというGDP伸び率と医療費伸び率の差，つまりスプレッドを上乗せして将来の対GDP比を試算する方法に切り替えた。これが初めて適用されたのが2008年の社会保障国民会議における「医療・介護費用のシミュレーション」であった。

年金も，長期的には概ね賃金上昇に連動して給付額が決まり，賃金が伸びれば給付は増え，賃金が伸びなければ給付は低くなる（図表6-8）。

図表6-8 「経済前提が年金財政へ与える影響について」
第4回配付資料（2018年3月9日）

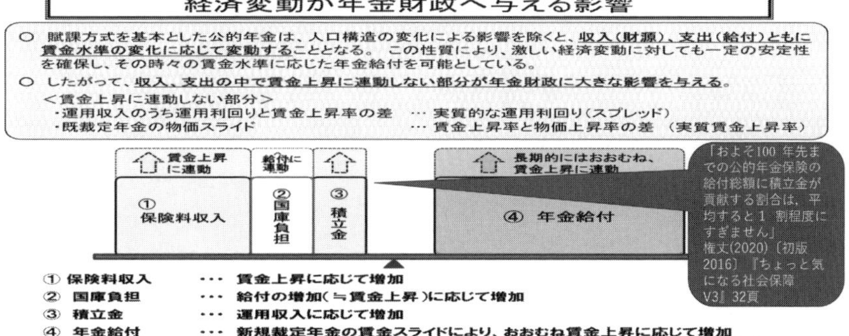

出所）厚生労働省。

前述の2018年5月に試算した2040年の社会保障というのも，対GDP比でしか試算をしていなかった。

それでは普通の人には分からないという声があり，仕方なく名目額を計算して，対GDP比を先に書いて，名目額を括弧の中に書き込んで，メディアに発表した。翌日の新聞では，名目額しか報道されず，1.6倍になる，社会保障費は破綻だという話で盛り上がることになった。

図表6-9には，将来の社会保障給付費の対GDP比を描いている。社会保障というのは，ここで紹介したメディアによる「誤報」のような逆境の中で論じなければならないという宿命がある。

図表6-9　将来の社会保障給付費の対GDP費

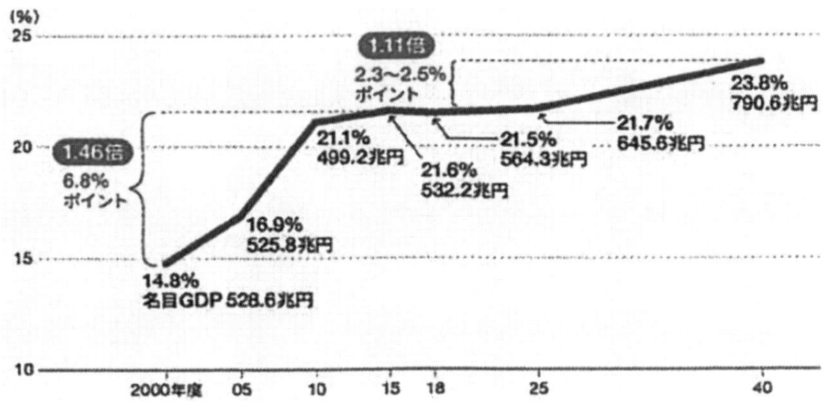

出所）厚生労働省の資料に筆者加筆。

7　高齢化率，社会保障給付規模及び租税・社会保険料負担

図表6-10は，横軸に高齢化率，縦軸に社会支出対GDP比（社会保障給付の規模）をとってG7及びスウェーデンについて比較したものである。総じてみれば，各国とも，高齢化の進展とともに社会保障給付の規模を拡大させてきた歴史である。高齢化に対する社会保障給付の規模の「増加幅」は他国と比べても遜色ないが，元々の給付規模が小さかったこともあり，高齢化率に比して社会保障給付の規模が小さいという見方もできる。

図表6-10　高齢化率と社会支出

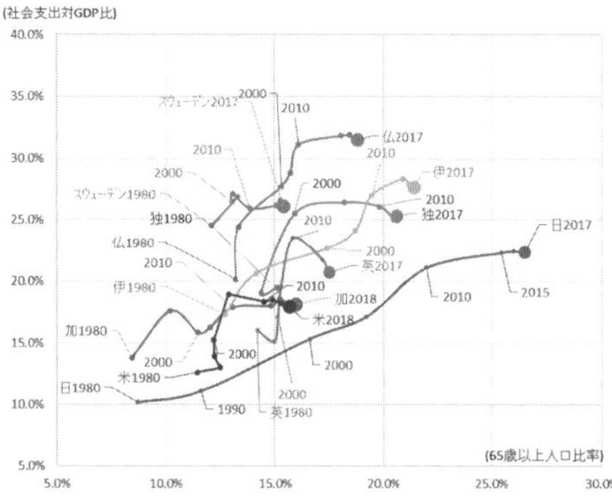

出所）UN, World Population Prospects 2019の中位推計及びOECD, Social Expenditure Databaseより筆者作成。

一方，**図表6-11**は横軸に租税・社会保険料負担の対GDP比，縦軸に社会支出対GDP比（社会保障給付の規模）をとってG７及びスウェーデンについて比較したものである。日本は給付を増やしつつも長らく負担を増やさないどころか減少した局面もあった。近年社会保険料や消費税率の引上げで負担増が図られたものの，グラフ上は給付と負担のアンバランスが大きい側にいる。

図表6-11　租税・社会保険料負担と社会支出

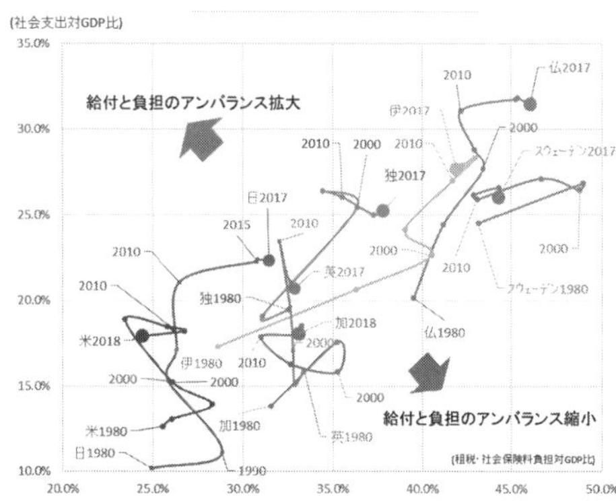

出所）OECD, Global Revenue Statistics Database及びOECD, Social Expenditure Databaseより筆者作成。

8 勤労者世帯と無職世帯（大半が高齢者世帯）の収入階級別の金融資産保有状況

最近発表された2019年全国家計構造調査の家計資産・負債に関する結果においては，勤労者世帯，無職世帯の別で，年間収入階級別に保有金融資産・負債の金額が示されている。無職世帯の大半は世帯主が65歳以上の世帯であるが，年間収入金額が200万円以下であっても一人当たり純金融資産の金額は，勤労者世帯の中の収入金額が多い世帯よりもはるかに高額となっている。このことからも，社会保障制度による再分配機能を十分発揮させるためには，所得の状況だけではなく，金融資産の配分の状況も考慮に入れていく必要がある。

図表6-12　収入階級別金融資産保有状況

年間収入階級				～200万円	～300万円	～400万円	～500万円	～600万円	～800万円	～1,000万円	1,000万円～
総世帯	18歳以上世帯人員1人当たり純金融資産		万円	487	580	568	391	285	270	293	553
	（純金融資産）		万円	616	865	957	722	579	595	723	1,517
	（18歳以上世帯人員）		人	1.3	1.5	1.7	1.8	2.0	2.2	2.5	2.7
	世帯主平均年齢		歳	64.4	62.2	56.4	53.8	52.2	52.1	53.3	55.3
	総世帯数に占める構成割合			13.2%	13.9%	14.9%	12.2%	10.0%	14.9%	9.0%	11.8%
	勤労者世帯 *※世帯主が65歳以上の世帯の割合は10%程度*	18歳以上世帯人員1人当たり純金融資産	万円	209	240	182	114	79	116	182	407
		（純金融資産）	万円	253	307	259	188	148	239	426	1,063
		（18歳以上世帯人員）	人	1.2	1.3	1.4	1.7	1.9	2.1	2.3	2.6
		世帯主平均年齢	歳	47.6	44.9	42.6	45.1	45.3	47.4	49.1	50.6
		総世帯数に占める構成割合		3.2%	5.3%	7.9%	14.7%	6.9%	10.9%	6.7%	7.8%

無職世帯 *※世帯主が65歳以上の世帯の割合は85%程度*	18歳以上世帯人員1人当たり純金融資産	万円	614	823	1,005	967	917	869	813	889
	（純金融資産）	万円	773	1,328	2,014	2,137	2,310	2,327	2,530	2,882
	（18歳以上世帯人員）	人	1.3	1.6	2.0	2.2	2.5	2.7	3.1	3.2
	世帯主平均年齢	歳	70.9	74.9	75.0	74.0	73.9	72.1	74.3	71.9
	総世帯数に占める構成割合		9.1%	7.4%	5.7%	4.8%	1.7%	2.0%	0.9%	1.0%
その他の世帯	18歳以上世帯人員1人当たり純金融資産	万円	232	257	315	276	245	333	359	765
	（純金融資産）	万円	333	459	615	596	563	834	952	2,233
	（18歳以上世帯人員）	人	1.4	1.8	2.0	2.2	2.3	2.5	2.7	2.9
	世帯主平均年齢	歳	58.6	60.8	58.7	60.1	60.4	58.4	59.8	62.0
	総世帯数に占める構成割合		0.9%	1.1%	1.4%	2.7%	1.3%	2.0%	1.3%	3.1%

出所）2019年全国家計構造調査より算出。

9　債務残高対GDP比の推移とコロナ禍における短期債の増発

1890年から現在までの我が国の政府債務残高対GDP比の推移を見ると，今回の新型コロナ感染症対応での国債増発により，第２次世界大戦時の水準を大きく超えることとなった。

図表6-13　戦前からの債務残高対GDP比の推移

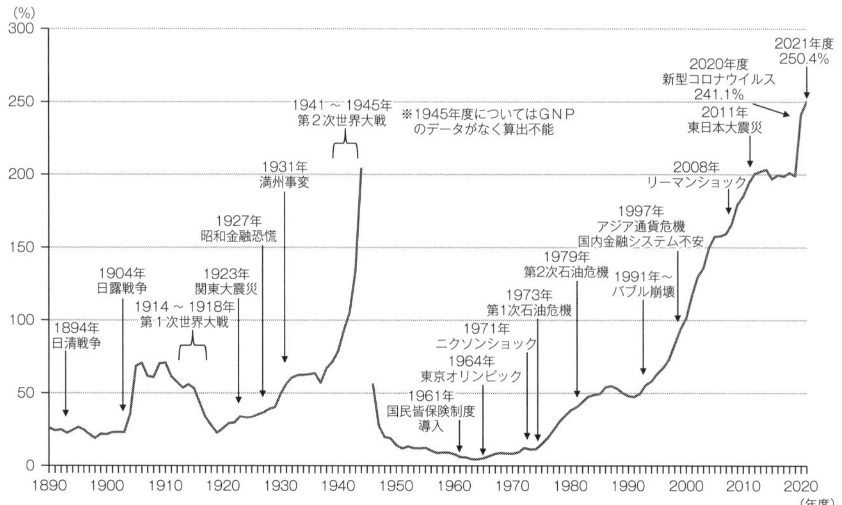

注）（1）政府債務残高は，「国債及び借入金現在高」の年度末の値（「国債統計年報」等による）。2020年度は第３次補正後予算，2021年度は当初予算に基づく計数であり，政府短期証券のうち財政融資資金証券，外国為替資金証券，食糧証券の残高が発行限度額（計210兆円）となっていることに留意。なお，1945年は第２次世界大戦終結時によりGNPのデータがなく算出不能。

（2）GDPは，1929年度までは「大川・高松・山本推計」における粗国民支出，1930年度から1954年度までは名目GNP，1955年度以降は名目GDPの値（1954年度までは「日本長期統計総覧」，1955年度以降は国民経済計算による）。ただし，2019年度，2020年度及び2021年度は，「令和３年度の経済見通しと経済財政運営の基本的態度」（令和３年１月18日閣議決定）による。

出所）財務省。

さらに，今回の新型コロナ感染症対応での国債増発の特徴として，１年未満の短期国債を多額に発行することとなったことが挙げられる。この短期国債は翌年に償還を迎えるため，令和２年度に続き，令和３年度も償還を迎えた短期国債の借換えが発生し，市中に発行する国債発行額（カレンダーベース市中発行額）の規模は，200兆円を超える状況にある。また，短期国債に依存する状況は，金利上昇に対して財政構造が脆弱になっていることも意味する。

この市中発行額の規模を減らしていくには，短期国債の借換えの際，中長期の国債に借り換えて借換えの回数を減らすことが考えられる。しかしながら，中長期の国債への借換えは2013年から2020年にかけて行ったように徐々に行わざるを得ず，また，新規に発行される国債を抑制しなければ，そもそも中長期の国債を短期国債の借換えのために増発する余裕すらなくなってしまう。

こうしたことを考えると，財政を健全化して，一般会計の財源不足を縮小し，新規発行の国債を減らしていくことが，財政のリスクマネジメント上も重要である。

図表6-14　国債発行総額と市中発行額（当初ベース）

○ これまで、当初予算において、新規国債発行額の減額等を通じて、国債発行総額を抑制することにより、市中発行額を抑制。
○ 2年度（2020年度）では3次にわたる補正の増発により国債発行総額・市中発行額ともに大幅な増加。
○ 市場のニーズを踏まえて多くを1年以下の短期国債で調達したことから、翌年度の借換債が増大、3年度（2021年度）も高水準の市中発行額。
⇒ 今後は、新規国債を抑制しつつ、短期国債の減額を通じた借換債の抑制により市中発行額の減額を図る必要。

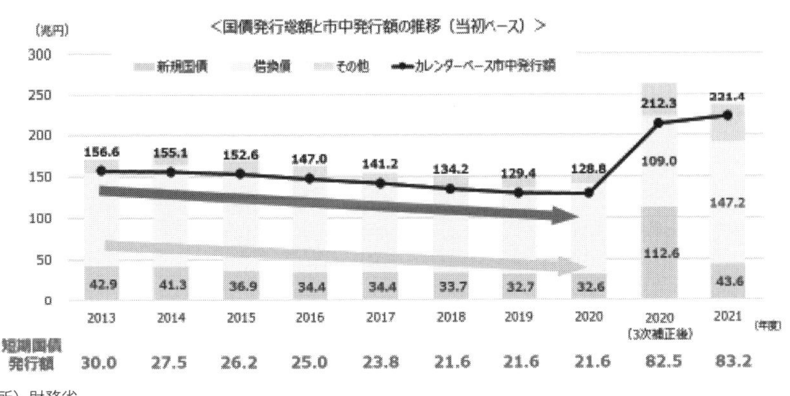

出所）財務省。

10　団塊の世代の後期高齢者入りと社会保障財政への影響

2022年度からは，1947年から1949年に生まれた団塊の世代が75歳以上の後期高齢者に移行し始めるが，後期高齢者になると医療や介護の一人当たりの給付費が大きく増加することから，社会保障給付費の一層の増加が懸念される。また，その後も高齢者の増加傾向は，第二次ベビーブーム世代が65歳以上又は75歳以上となる2040年代まで続くことになることにも留意が必要である。

図表6-15　少子高齢化の進行

○　2025年には団塊の世代（1947～49年生まれ）全員が後期高齢者（75歳～）に移行し，75歳以上人口割合が増加していく。さらに2040年には，第2次ベビーブーム世代（1971年～74年生まれ）全員が65歳以上になる。他方で，その間，20～64歳人口は急速に減少し，2040年以降も減少が続くことが見込まれる。こうした中，医療・介護分野の給付の効率化・重点化が必要。

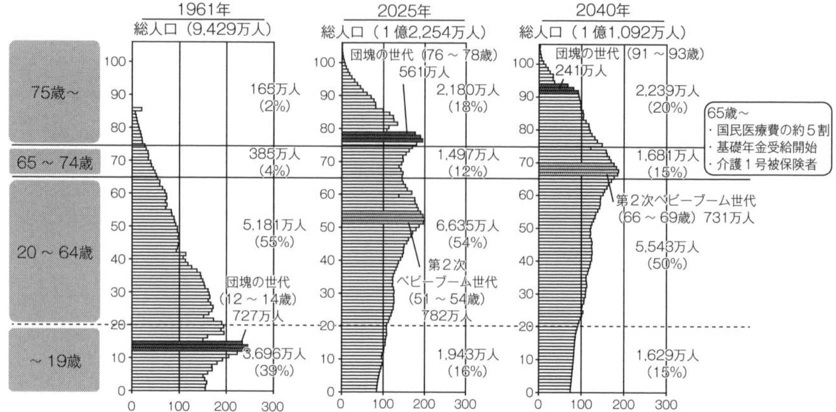

（注）団塊の世代は1947～49（S22～24）年，第2次ベビーブーム世代は1971～74（S46～49）年生まれ。
1961年は沖縄県を含まない。
グラフにおいて，1961年の85歳人口，2025年と2040年の105歳人口は，それぞれ85歳以上人口，105歳以上人口の合計。

出所）総務省「人口推計」，国立社会保障・人口問題研究所「日本の将来推計人口（平成29年4月推計）」

注

1　文中，意見にわたる部分は執筆者たちの個人的な見解であり，執筆者たちの属する組織の見解を示すものではありません。

2　大半の開発途上国では，大量の低所得者層と一部の富裕層の存在により，所得再分配が満足に行われていない中で，高齢化の進展による所得のない高齢者の増加と，少子化による若年労働力不足による生産能力の低下が同時進行することが危惧され，こうした開発途上国において，社会保障の基盤をいかに整備できるかということに対する支援も，世界全体の経済成長の観点からは重要と考えられる。

3　2019年全国家計構造調査によれば，世帯主が65歳以上の世帯の純金融資産は全世帯の純金融資産の72%を占める。なお，世帯主が65歳以上の世帯は全世帯の38%。

大久保敏弘・武藤祥郎

第7章

国土・インフラ
――地域経済を産業集積政策の変遷から見る――

1 集積の利益（プレミアム）と外部不経済

我が国経済社会を語る時に，「生産性の高い」あるいは「質の高い」というキーワードで，その実現の必要性が語られることも多いが，「生産性の高い」国土，あるいは経済社会面で「質の高い」国土というものについては，概念的にその存在があり得るとしても，その実態がどのようなものか，我々は知らないことが多い。

モノや人が一定の地域・場所に集まった方が，経済社会の生産性が高まるという意味での「集積の利益」「都市の経済」は，経済学者を中心にその存在を認識されているが，一方で，通勤時間や家賃の増大を含めた，混雑などの外部不経済もある。実際に，単純な回帰分析をしてみても，市町村ごとの可住地の人口密度は平均所得と正の相関があり，平均賃料とも正の相関があることがわかる。この関係において，集積の経済と不経済のどちらが大きいかは，経済活動や人の移動コスト，地価などを含めた相当のデータ蓄積により，慎重に検討を行わないと計算ができない。

また，一都市であってもこうした計算は容易でないばかりでなく，大小の都市が複雑に絡み合った日本全国の「国土」でとらえてみると，非常に複雑な計算が必要になるものであり，包括的な効率性を定量的に計算した研究は存在しない[1]。概念的には，政府の方針に記すとおり，コンパクトな都市圏を交通ネットワークでつなぐ「コンパクト・プラス・ネットワーク」を目指す方向があるが，それが完全に分散化して効率が落ちた国土に比べて効率的であることは，疑う余地がないと思われるものの，どの程度集約してどの程度ネットワークでつなぐのが効率的なのか，ということについて定量的に把握することは困難であると言わざるを得ない[2]。

さらに，国土のあり方を議論する際に，単に経済合理性だけでその妥当性を議論することは適切でなく，防災・リダンダンシー（災害時に機能するインフラの余裕），「地域循環共生圏構想」のように環境負荷の影響を加味すれば，より「質の高い」国土というものが，概念的には想起できて有用であったとしても，国土構造におけるその具体的な姿を一意に描けなくなることは自明であろう。

その上で，物事をさらに複雑にするのは，仮に「質の高い」国土のあり方が想定・合意され，その姿に進むことが示されたとしても，それぞれの地域に居住あるいは立地する住民や企業は，ある日ただちにその場所を動けるものではなく，その移動には相当程度のコストがかかることである。また，住民は常に均一ではなく，地域的に偏在しながら住民が高齢化する場合もある。

一方で，このような状況において，国土・都市構造に関する政府の取組については，「わからないから何もしなくても良い」ということにはならない。東京などの大都市だけでなく，特定の地域に一定の産業集積がありつつ連携する姿は，世界的にも見られ経済社会の効率性にとって大きく寄与すると考えられる。また，中小の商店がまちの中心部に集まった，いわゆる「中心市街地」についても，にぎわいと商業活動を一定の地域に集めることは経済社会上の合理性があると考えられ，これも，洋の東西を問わず，そして歴史的にも人類の発展の過程で生み出してきた，国土の効率的かつ効果的な利用の知恵であると考えられる。

ここで意識されるべきは，我々は「国土」について「知らないこと」があまりに多く，都市は特定のところに無理やりにでも集中すべきだ，あるいはその逆に，地域を維持するために無理やりにでも分散すべきだ，といった極端な立場というのは，学問上あるいは定量的な裏打ちが極めて乏しいということである。我々は「知らないこと」が多いながらも，「国土」という極めて複雑な空間的存在を相手にして，その影響や意義の大きさに鑑み，より良いと思われる戦略をとる必要がある。それに加え，人口減少や超高齢化といった国内事情のほか，デジタル化，気候変動，自然災害，資源の枯渇や急騰といった想定される大きな環境変化を意識しながら，そして，昨今ではコロナ禍の影響も意識しながら，若い人々の新たな動きを見据えながら対応する必要がある。

そのためには，以下で述べるように，国土・産業集積にまつわる様々な状況について，地域個別の事情に立ち返って定量的に分析することから始める必要がある。具体的には，中央政府からどのように地域開発を進めてきたのかという観点，近年の地域政策においてどのようにソフト化とコンパクト化が進んできたのか，あるいは市町村の首長がどのような政策に主眼を置いているのかという観点，そして，地域経済にとってコロナ禍で急速に進展するデジタル化がどのように影響するのかという観点について考察を加える。

本章で紹介するのは，「国土」のあり方に対する見方として，一定の視座を提供するものであるが，そこから得られた教訓を基に効果的な対応策をつぶさに検討していく必要があると考えらえる。

2　我が国における産業集積の形成

(1) 地域開発と産業集積政策の変遷

我が国における大規模な政府主導の地方創生・地域政策は1920～30年代にさかのぼれるだろう。背景には東京や大阪の都市化が急速に進み，人の移動が活発化し地域間格差が顕著になってきたことや製造業，特に重工業が大きく成長し，地方にも大規模工場が進出するようになったことなどがあげられる。同時に，地方において公共投資が1920～30年代から強力に進められ，都市内部を整備し，都市部に稠密（ちゅうみつ）する人口や工場を郊外や地方に分散させようとする都市計画や国土計画の動きも出てきた。その後，戦後復興の過程で四大工業地帯を中心に再び集中が進む中で，国土分散化が打ち出され，策定された国土計画の下で様々な大規模な産業集積政策が実施された。

図表7-1　産業集積政策チャート

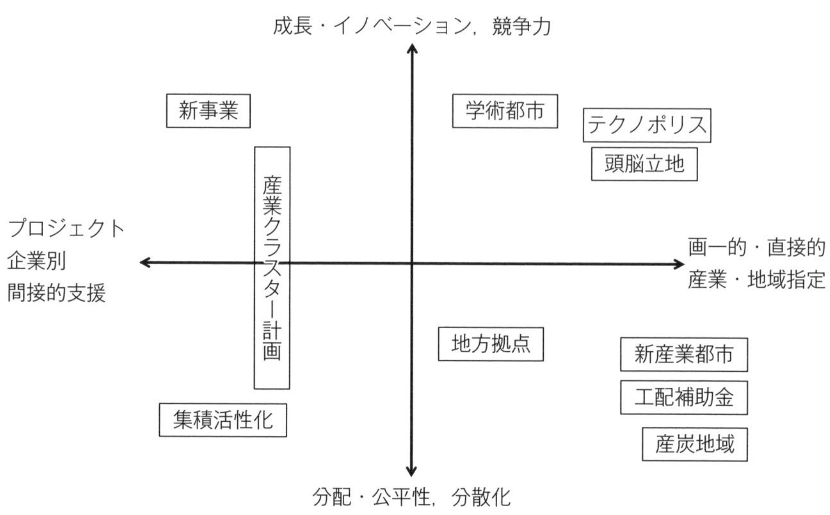

出所）Okubo（2021）

図表7-1の産業集積政策チャートは，過去の個々の政策がどういう特徴をもっているかをまとめたものである。チャートの横軸は政策手法を示しており，右方向は直接的，画一的な政策，つまり特定の市町村を指定し産業を指定し補助金を与える政策を示す。逆に左方向はプロジェクトベース，企業別の間接的な支援を示す。ここで言う「間接的」とは情報や場所の提供，融資や技術の支援，取引ネットワークの拡大促進といった「プラットフォーム」の提供を意味する。一方，チャートの縦軸は政策目標を示すものであり，上方向は成長・イノベーション，つまり，地域の成長や技術革新を促進するものなのかを示す。下方向は分配・公平性，つまり，産業や都市の分散化を進め都市と地方の格差を縮小するための政策なのかを示している。

このチャートを基に過去の政策からさかのぼると，第4象限（図の右下）から反時計回りに政策の性質が変貌していく。1960年代の新産業都市や産炭地域振興補助金，1970年代の工業再配置促進補助金は地方と都市の格差解消や産業調整を目指し，地域指定を通じて補助金などの優遇策により周密地域から過疎地域への企業立地を促進するものだった。1980年～1990年代になると，テクノポリス政策，頭脳立地政策が登場する。地域指定をし産官学連携を目的とした産業集積を作ろうとした政策であり，次世代型の新産業の育成とイノベーションが目標だった。さらに2000年以降では，産業クラスター計画が登場する。後述するように間接的な支援，プラットフォームの提供がメインとなるなど，個々のプロジェクトによる提案型，ボトムアップ型の政策と言える。

（2）テクノポリス政策・頭脳立地政策

テクノポリス政策は1983 年にスタートし，次世代型のハイテク産業の地方への立地促進と集積を促進する目的で政策が行われ，産官学連携による次世代型産業の育成とイノベーションによる地域の成長を目標にした。政策では全国26の地域（**図表7-2**の点で示す地域）が政策拠点として指定された。さらにその後継となる頭脳立地政策は1988年にスタートした。以下では，テクノポリス政策や頭脳立地政策に関して個々の工場レベルのデータ（工業統計調査）を使って計量経済分析を行った，Okubo and Tomiura（2012）を基に議論を展開する。

図表7-2　テクノポリス指定地域

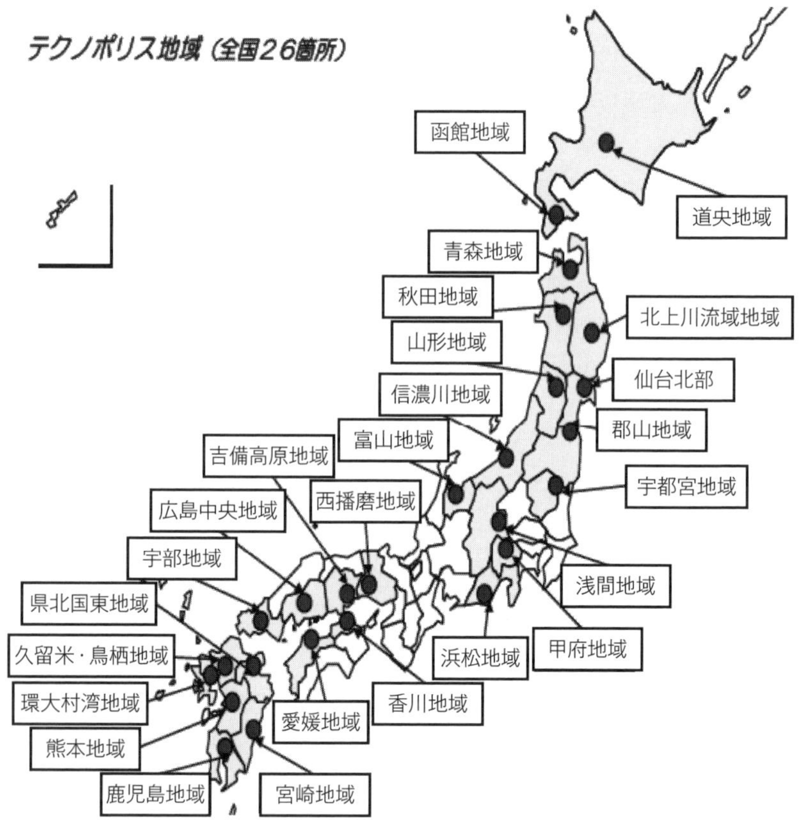

出所）経済産業省産業構造審議会（2006）

この実証分析によると政策の前後を比べると，政策指定市町村では，徐々に企業数が増えている一方，労働生産性が低い企業ほど指定地域に集中していることが分かった。つまり，市町村が政策指定されると，企業数自体は増えたが労働生産性の低い企業が集まったのである。言い換えれば，直接的な補助金を与えて大規模に産業集積をつくったが，イノベーションが起こるような先進的な次世代産業の産業集積にはならず，経済をけん引するような「日本版シリコンバレー」の創出にはいたらなかったようである。一方で，政策により地域の雇用や所得の安定につながったという面から見れば，政策の効果は一定程度の評価はできると思われる。

(3) 産業クラスター計画

2000年代以降の最近の政策である「産業クラスター計画」では，経済産業省が中心となり，地域における人的ネットワーク形成を軸としたイノベーションの創出と地域活性化を目的として，2001年から実施された。各地域の中堅・中小企業，大学などを主体とする19の産業クラスターを指定して，政府がネットワーク形成の支援，地域金融機関との連携などを行った（**図表7-3**）。以前の政策に比べると地域指定は緩く北海道や東北など広範囲の指定となり，企業側が応募し認可されると補助が得られるという，ある種のボトムアップ型の政策である。なお，補助は直接的な補助金ではなく，取引ネットワークの拡張，人的交流の促進，地域との連携などプラットフォームを提示する間接的な支援である。

図表7-3　産業クラスター計画の状況

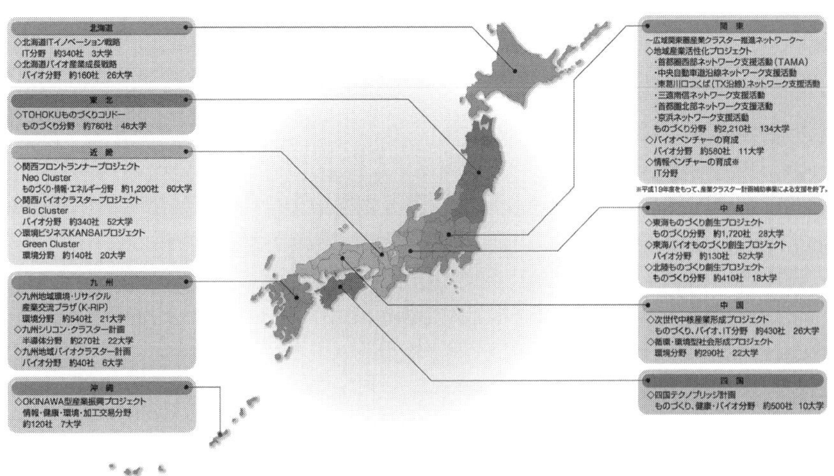

出所）経済産業省（2009）

産業クラスター計画に関して企業のミクロデータ（TSRデータ）を使った実証・計量分析（Okubo, Okazaki, Tomiura, 2022）によると，政策により個々の企業の取引相手の数が増加した，つまり，政策により企業の取引ネットワークが広がったとしている。こうして，戦後の大きなコンビナートを地方につくる，先進的な産業集積をつくるというハード面の政策から，地域全体のプラットフォームをつくるソフト面の政策に進化してきている。例えば，産業クラスター計画では企業間ネットワークづくりを通じた，企業成長やイノベーション創出などを目標にしている。

今後，産業集積の政策を低成長の中でどう進めていくかは重要な問題である。重厚長大産業の企業数の多い産業集積をつくっていくよりも，企業の質を重視する，あるいはソフト，あるいはイノベーティブなアイデアをベースにして生産性の高い企業を少数集めるような政策に方向が変わりつつある。このような傾向は日本のみならず先進国全般でも見られる。大規模な国土開発やインフラ投資が地域を大きく変え，あるいは新たな都市を作り出すような政策から，知識集約型産業をどのように生み出すか，それにより地域全体がどのように活性化するか，ということが政策として問われるようになっているのである。

（4）最近の地域産業政策の動向：中心市街地活性化政策

最近の産業クラスター・地域政策の特徴は３点にまとめられる。①ソフト化とコンパクト化：サービス業・商業の活性化も含まれ，政策の手法はまちづくりなどコンパクト化している。②ボトムアップ：地域の現場からの提案形になっている。③ピンポイント：様々な地域の実情を踏まえてピンポイントにきめ細かく政策を行っている。

例えば，中心市街地活性化が一つの例である。地方経済は大きく後退しており，特に中小都市では中心地が活性化しないと地域経済全体が回復しない。しかし，平成30年度の商店街実態調査（中小企業庁）によると全国の商店街における空き家率は14%である。商店街の景況は67%ほどが衰退あるいは衰退の恐れがあると答えており，深刻な状況にある。こうしたことを背景に商店街を整備・活性化していく政策として「中心市街地活性化」政策が採られてきた(1998年制定，2006年改正)。153市町村が2020年時点で指定されており，政策の対象となる中心地はピンポイントで細かく設定されている。**図表７-４**左に富山市，**図表７-４**右に日南市の例を示す。地図の網掛け部分が政策対象地域を示している。それぞれの政策対象地域では目抜き通りを整備したり，空き屋や空き地をなくすなど様々な取り組みを地域住民と自治体，商工業者が一体となって行っている。

この政策評価として，Kondo and Okubo（2020）ではサービス業の事業所パネルデータ（経済センサス活動調査）を用いて数量分析をした。具体的には，売上，一人当たり賃金，労働生産性が政策によりどう伸びるかについて，Difference in Difference（DID）という手法を使って検証した。推計の結果，中心市街地政策の効果は県庁所在地や中規模の都市では売上，一人当たり賃金，労働生産性においてプラスの政策効果だったが，小規模の都市ではほとんど政策の効果がないなど，政策効果は限定的であるということが判明した。

このような結果から全国153市町村を広く指定するのではなく，今後の財政状況や少子化など踏まえて，市町村を規模や資質で選別して政策を重点化する方が効果的である可能性がある。また，この研究の結果から推測できることは地方経済の落ち込みがかなり深刻であり，政策のテコ入れも難しくなっているということである。特に小規模自治体は，現在行われているような「活性化」政策を行っても効果が非常に薄い，あるいはないという現象も見られ，人口減の続く中，全般的な地域経済政策や地方自治体のあり方を抜本的に見直す時期に入ってきていると思われる。

図表7-4　中心市街地活性化におけるゾーニング（富山市と日南市の事例）

(b) URZ in Toyama City

(b) URZ in Nichinan City

出所）Kondo & Okubo（2020）

3　市町村レベルの政策現場の実態

これまで見てきたように，最近の産業集積・地域政策は個別の地域の実態を踏まえたボトムアップ型，提案型になってきている。そこでは，住民が活発に意見交換して，新しいアイデアを出し，市町村首長がうまくまとめることが必要になっており，自治体のイニシアティブがかつてなく問われる時代になっている。

NIRA総研，大久保，辻，中川（2020）「全国市町村長の政策意識に関するアンケート調査（速報）」では，全国の市町村首長のリーダーシップと自治体の改革についてアンケートを実施した。全国の首長がリーダーシップを発揮して何をやってきたか，力を入れてきた政策課題は何か，組織の問題，改革する上での障害，首長の性格・パーソナリティなどを調査したものである。まず，最も重視してきた政策について，首長が重視した1番目から4番目までを列挙してもらった（**図表7-5**）。その結果，市町村の人口規模にかかわらず，「子育て支援」が1番，次に続くのが「防災」，3番目に「地域振興」となった。

図表7-5　市町村人口規模別の重要視してきた政策

<table>
<tr><th></th><th>1</th><th>2</th><th>3</th><th>4</th><th>5</th></tr>
<tr><td>50万人以上</td><td colspan="2">子育て支援（73%），
防災・災害（73%）</td><td>地域づくり・
商工業振興・
雇用対策
（55%）</td><td colspan="2">学校教育（27%），
高齢者福祉など（27%），
住民協働（27%）</td></tr>
<tr><td>20万人以上
50万人未満</td><td>子育て支援
（86%）</td><td>防災・災害
（53%）</td><td colspan="2">学校教育（36%），
地域づくり・商工業振興・
雇用対策（36%）</td><td>高齢者福祉
など（31%）</td></tr>
<tr><td>10万人以上
20万人未満</td><td>子育て支援
（73%）</td><td colspan="2">防災・災害（42%），
学校教育（42%）</td><td>地域づくり・
商工業振興・
雇用対策
（38%）</td><td>歳出削減・
財源確保
（33%）</td></tr>
<tr><td>5万人以上
10万人未満</td><td>子育て支援
（79%）</td><td>防災・災害
（53%）</td><td>地域づくり・
商工業振興・
雇用対策
（43%）</td><td colspan="2">学校教育（35%），
歳出削減・財源確保（35%）</td></tr>
<tr><td>1万人以上
5万人未満</td><td>子育て支援
（70%）</td><td>地域づくり・
商工業振興・
雇用対策
（49%）</td><td>防災・災害
（48%）</td><td>学校教育
（36%）</td><td>定住人口
（34%）</td></tr>
<tr><td>1万人未満</td><td>子育て支援
（60%）</td><td>定住人口
（52%）</td><td>防災・災害
（41%）</td><td>農林水産業
（40%）</td><td>地域づくり・
商工業振興・
雇用対策
（35%）</td></tr>
</table>

出所）NIRA総研，大久保，辻，中川（2020）

人口減や少子化が大きな問題であるのは確かであるが，市町村によって実態は大きく異なるはずであり，実情の違いを前提にすれば，政策も異なってくるはずである。例えば，子供が多い市町村がある一方で，人口が流出していて子供が少ない市町村もある。しかし現状は，最も重視している政策がどの規模の自治体も「子育て支援」となっている状態である。人口減の厳しい実情があるのは確かだが，政策のオリジナリティーや構想力が大きく欠如している可能性もあり，ボトムアップ型の政策が増える中でこのような状況は今後の大きな不安材料となると言える。

次に市町村が改革する上での障害はどういうものか，統治上の問題を聞いたところ，5割以上の市町村で指摘しているのが「財源不足」・「財政難」，「人材不足」であり，市町村では資金が足りず有能なスタッフがいないため改革するにも難しい状況にあることが示唆される。さらに組織のあり方，具体的には人事のやり方，評価・報酬，意思決定の仕方に関して調査した。**図表7-6**のように全体として，首長がワンマンというよりも，むしろプロジェクトベースあるいはボトムアップで下から首長に上げるような自律的な組織になっていることがわかる。つまり，財政や人材で困難はあるものの，首長の下，健全な組織運営で手堅くやっていることが窺える。

図表7-6　地方自治体の組織運営の実態

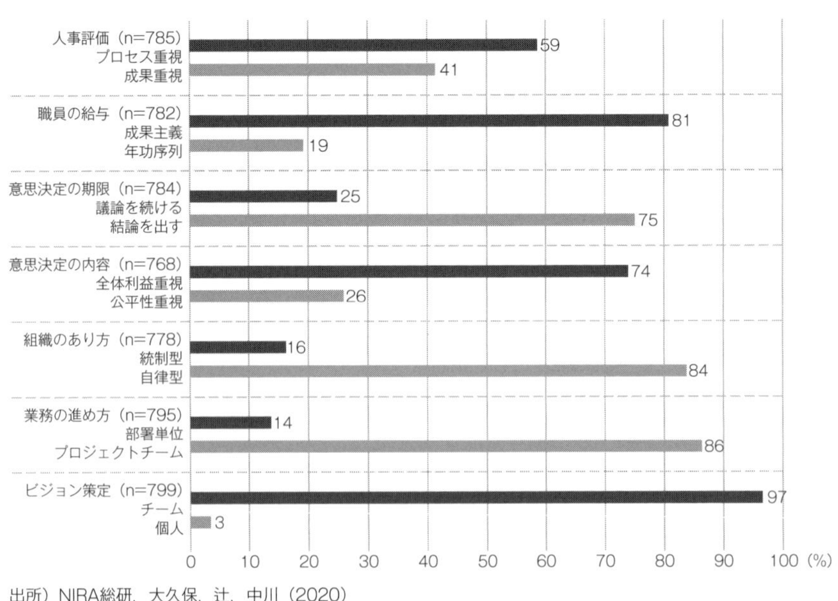

出所）NIRA総研，大久保，辻，中川（2020）

地方自治体において政策決定で特に重要なのが首長である。首長が大きな力を持つため，首長の判断で政策の方向性が決まることも実際に多い。そこで首長のパーソナリティ（性格）について「ビッグファイブ」という指標を使い５つの人間の性質（外向性，協調性，勤勉性，情緒安定性，開放性）を調査した。比較対象として，一般人を対象とした「慶應家計パネル調査（KHPS・JHPS)」でも同様の「Big５」を聞いており，その結果を比較したのが**図表７-７**である。実線は首長を対象とした本調査で，慶應義塾大学の家計調査で一般人は点線だが，特性で大きく異なるのは，外向性や開放性が一般人に比して相当程度高いことが見て取れるほか，勤勉性は若干高く，情緒安定性はやや低いという結果となった。

図表７-７　首長のパーソナリティ

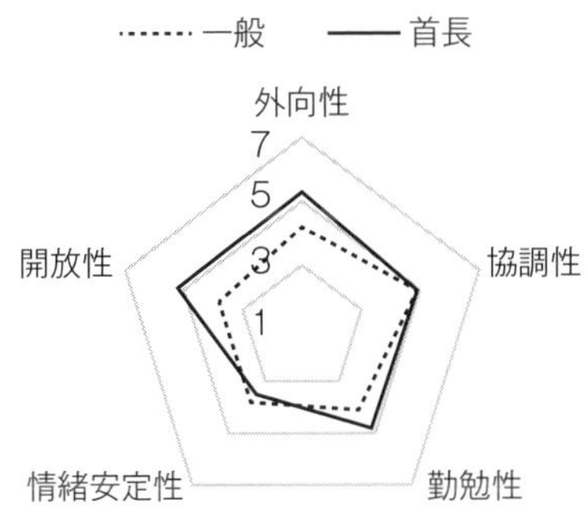

出所）NIRA総研，大久保，辻，中川（2020）

首長は外向的，社交的で一般の人々と比べて開放的な人が多い理由については，因果関係は不明であるが，元々，外向的・社交的・開放的な人が首長に選ばれているかもしれないし，自治体の首長として仕事をする中で外向的になっていった可能性もある。いずれにしても，市町村の首長は密室で何かを決めるというよりも，外向的に開放的に問題に取り組み，自治体職員や住民と協力をしながら勤勉に着実に実務を行っているということがうかがえる。言い換えれば，昨今のボトムアップ型の地域政策を行う上ではかなり有効であり，極めて健全な傾向であると言える。

しかし，現実に小規模自治体をとりまく環境はかなり厳しく，ボトムアップで政策を打ち出してほしいと政府から要請されても，現場は余裕がなく，難しい状況にある。財政難や人材不足であること，そして自治体全体の人口が減ってきているなど，ぎりぎりの中で必死になっていることが窺える。逆に言えば，多くの市町村では厳しい状況にあるものの，「今が頑張りどころ」といえる。

4　デジタル化の進展と地域経済の変貌：テレワーク化の進展と「オフィスの未来」

今まで議論してきたように産業集積政策の中心は地方自治体や住民に移ってきており，人口減で厳しい地方自治体がどう脱却できるかが焦点である。しかし，今そもそもの地方と都市の在り方や人々の就業のあり方が大きく変わろうとしている。デジタル化による変化である。今後，経済のデジタル化が進むと産業集積のあり方（集積の利益）や地方と都市の枠組み，都市構造，さらには分散か集中かといった国土の考え方を根本から変える可能性が高い。

2020年から始まったコロナ禍において，地域経済でデジタル化がどれだけ進んでいるかを見る。テレワークの利用状況を調査した研究（大久保・NIRA総研（2020）「第１回～第３回テレワークに関する就業者実態調査」）によれば，**図表7-8**のように，2020年の４～５月の第一回緊急事態宣言の下では，コロナ禍をきっかけにテレワークが大きく進展し，その後もある程度の水準を維持していることが分かる。点線が東京圏，実線が全国平均を示しており，2020年12月時点で全国平均が15～16％，東京圏で見ると30％弱となっている。（詳細はOkubo（2022）を参照）

図表7-8　テレワーク利用率の推移

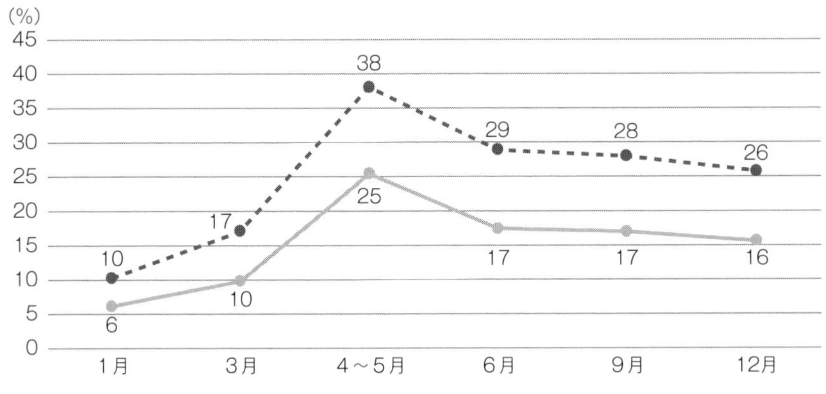

全国（1月・3月：n=10,516，4～5月・6月：n=12,138，9月・12月：n=10,523）
東京圏（1月・3月：n=3,467，4～5月・6月：n=4,049，9月・12月：n=3,514）

全国平均テレワーク率　東京圏テレワーク率

出所）大久保・NIRA総研（2020）

府県別に細かく見ると，東京におけるテレワーク率が高く，また大きく増大していることがわかる。これは東京ではテレワークに向く業種，とくにサービス業や本社機能が都心に集中していることが関係しているためである。また，コロナ感染症拡大防止のため，公共交通機関での中長距離の通勤を中心にテレワークが進んだこともある。

このように地域間の格差がありながらもテレワークが浸透してきていることが分かるが，個々の従業員・就業者がテレワークをより多く使うことによって，総体としての「オフィス」のあり方にも影響を与える可能性がある。オフィスにどのような影響を与えるか，主に欧米・アジアの事例として，各地でオフィス等の商業テナントを保有するCushman & Wakefield社（以下「C&W社」という。）調査（「職場の未来」(Future of Workplace)）が参考になる。[3]

C&W社の調査では，同社保有のビルにおける入居企業従業員に対するアンケート調査を行い，回答者の75%が，オンラインの就業によっても「効果的な集中ができ，仲間と協業できている」と回答しているなど，少なくとも短期的な生産性は維持できると見られる。その一方で，回答者の約半数が「企業文化とのつながりに悩む」と回答しているなど，個人的なつながりや学習について課題を生じていることが窺える。さらに，54％の回答者がオンライン就業において「幸福感（well-being）を感じられていない」と答えるなど，モチベーションの面でも制約があると見られる。こうした実態を踏まえ，C&W社は，オンライン就労で一定の仕事はできるが，連帯（bonding）という言葉に代表される，従業員の学習，つながりといったことがオンライン就労では不足することを指摘している。

こうした状況を受け，C&W社は，オンライン就労の様々な便益と潜在的なコストを勘案した「職場の未来」のあり方として，オンラインと対面オフィスを併用するための就業環境を作る方向性を打ち出している。具体的には，**図表7-9**に示すように，核（ハブ）となるオフィスがあって，地域コミュニティにおけるハブのほか，「サードプレイス」としてのカフェなどでの就労もあって，その上で在宅ワークがあり，それらが「仕事空間の生態系（エコシステム）」として効果的な連携をしている形を想定している。こうした姿は，回答者の73％が支持すると答えている。この調査はコロナ禍の相当程度初期に行われたものであるが，2022年３月現在においていわゆる「混合就業（ハイブリッドワーク）」が業務の潮流として指摘されるように，こうした動きがコロナ禍・コロナ後において一つの大きな流れになる可能性もある。さらに，このような就業形態は都市中心部のあり方や郊外あるいは地方都市のあり方も含めた地域・国土構造にも影響があると考えられる[4]。

図表7-9　仕事空間のエコシステム

全体的な仕事空間のエコシステム

73%の回答者が，リモートワークの就労拡大と，オフィス，居宅，サードプレイスのバランスへのシフトを望んでいる。

便利さ・機能性・幸福を支える場所と経験の多様性

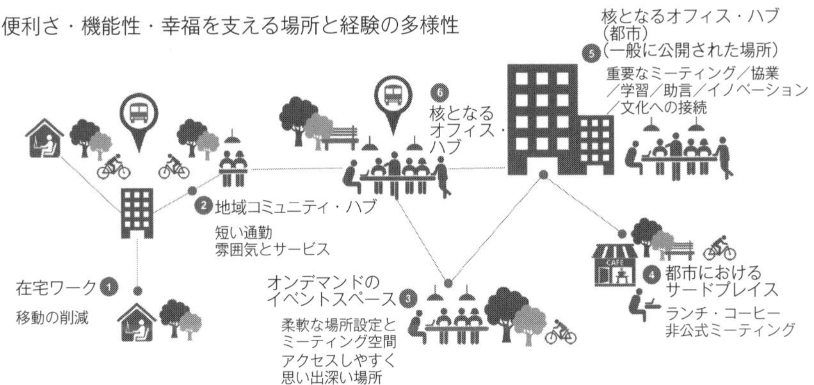

出所）Cushman & Wakefield（2020）を筆者仮訳。

コロナ禍で就業やオフィスのあり方が変わりつつある中で，地方移住が注目されている。特に若い人がテレワークをして，遠隔勤務や地方移住してもいいと言っている人が最近増えている。具体的には，大久保・NIRA総研（2020）によれば（**図表7-10**），10代・20代の回答者のうち4割程度が「とてもそう思う」あるいは「ややそう思う」と述べており，テレワークを用いて遠隔勤務や地方に移住したいと言っている人が多くなってきている。

図表7-10　コロナ禍での地方移住の希望

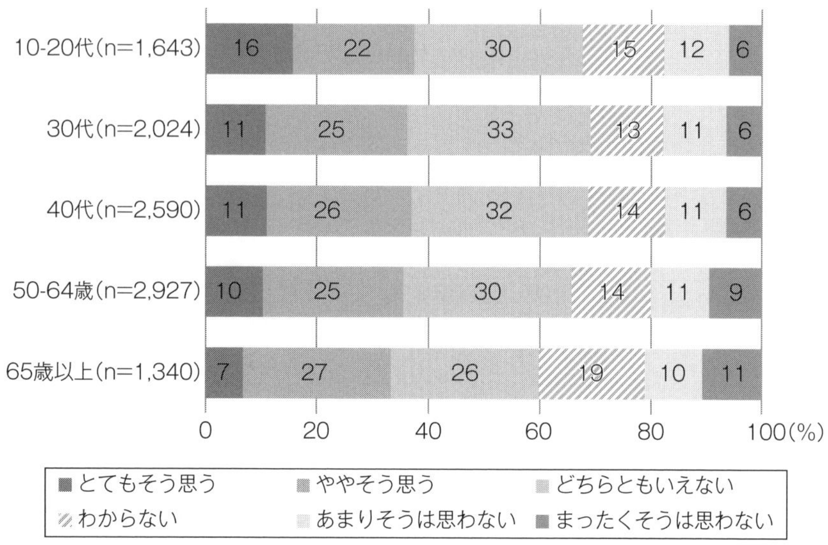

出所）大久保・NIRA総研（2020）

5　今後の「国土」に係る議論において意識されるべきこと

（1）地方と東京の課題

生産拠点が海外，特にアジアに流出し国内，特に地方経済は空洞化している。かつては大規模な国土開発を伴う国土の改造などが謳われた時代があり，「公共投資」で地方を支えてきた経緯もあった。その後，様々な産業集積政策が行われ，最近ではコンパクトかつソフトな政策が多くなってきているが，それと同時に，住民の様々なニーズに対応するための行政コストがかかるようになってきた。ボトムアップする政策が多くなったことは，住民や自治体の負担が大きくなっていることも意味する。しかし，地方自治体の多くでは人口減対策に必死であり，財政難や人材難も含めた厳しい状況が続いており，何とか耐えている余裕のない状況だ。

一方，東京だけが有利な立場であるので，税や規制をかけて東京一極集中を是正せよというような意見があるが，それは間違っていると言わざるを得ない。国際的にも東京の地位の向上というのは非常に重要であり，東京は常にイノベーティブで，東京が日本の経済成長を牽引し日本経済を押し上げないとならない。東京を規制し押さえつけるという発想は適切ではない。

欧米諸国の各地域の状況や地域政策を見ると，イノベーションの一番の核になっているのは，地方都市も含めた大学の教育・研究であるが，我が国においては，多くの大学や研究機関が東京あるいはその近郊に立地している現状にある。今後，都市や地域が国際的な地位の向上を目指すのであれば，国家予算を研究や教育にさらに割り当てられるべきであり，その際，都心の国公立大学のほか，慶應義塾大学や早稲田大学などの私大がもっと研究を牽引していくべきであるほか，スタートアップも含めた民間企業との連携も重要である。そして，理系だけではなく経済学をはじめとした文系も，国際的に通用する研究を行い頭脳資源が枯渇しないようにすべきである。これにより東京が成長し，やがて地方にも波及し地域経済の底上げにもつながる。地方創生一辺倒でない，東京が効果的に連携する形での頭脳資源の成長を考える必要があるのではないだろうか。

（2）地方経済における新産業・起業家創出

地方経済では，新産業が足りていない現状にある。改善の芽はいろいろあり，環境，エネルギー供給，農業など成長産業が多く眠っている。地方は観光サービスに依存しがちだが，コロナ禍で分かったように観光客頼みには問題が大きいと言える。新産業の創出は地味で手間がかかるが，しっかり取り組むべき課題である。

また，地方経済で不足しているのは起業家である。衰退している地域においても，独自のビジョンで「地域・都市づくり」ができる起業家が出てくれば大きく変わるかもしれない。かつて倉敷の美しい町を作った倉敷紡績の大原孫三郎や地獄めぐりをはじめ別府の町を観光地化した亀の井グループの油屋熊八など，地方発の起業家がかつて存在し，地方は大いに盛り上がった。

(3) 地域でどのようにイノベーションを起こし，若い力を活かしていくか

本章では，主に我が国の「地域」の観点から，国土のあり方について考察を加えたが，少なくともコロナ禍前の世界において，その立地に相互の「引力(グラビティ)」があり都市や経済において高度に集積が進んでいることが知られている。しかし今後，コロナ禍を経たデジタル化の進展によりテレワークをはじめとしてデジタル化が進んでくると，そうした「グラビティ」が変化する，あるいはコンピュータネットワークの中に構築された3次元の仮想空間などのことを指す「メタバース」における人々の交流やオンライン上の経済活動を含め，状況や場所においてはそれらの「グラビティ」が「ゼロ」になる状況もあると考えられる。

例えば，**図表7-11**は国土交通省が2050年の国土のあり方として掲げた未来都市の構造である。ここでは，小さな都市が地方や郊外に生まれ，それぞれが「実物空間」で連携しつつ，知識・情報空間を通じてデジタルの力で消費，教育などを他都市やグローバルに連携させ，AIなどの先進テクノロジーを活かすほか，バーチャルオフィスやクラウド上で情報を集約しアイデアを交換することが想定されるなど，2つの空間，知識・情報空間と実物空間を巧妙に使い分けた都市システムが今後できてくる可能性がある。

図表7-11　2050年の未来の国土のあり方

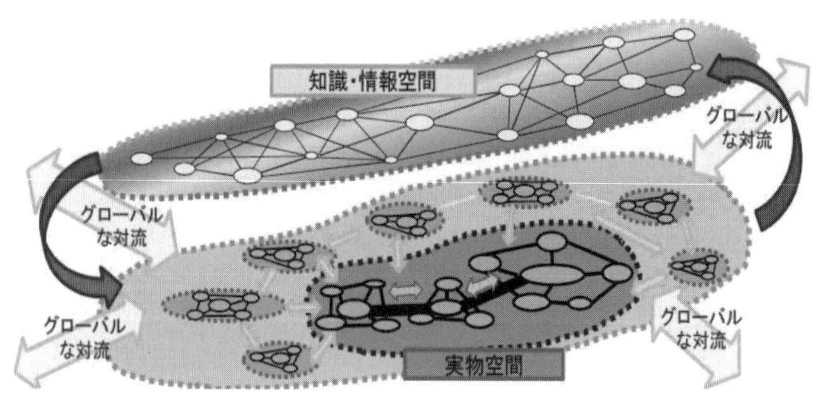

出所）国土交通省（2014）

その上で，第４節で紹介したC&W社の調査により示されたオンラインと対面就業の生態系（エコシステム）の必要性や可能性を見ると，「東京」という巨大都市の中心に毎日出勤しなくてはならないのか，ということについては，その必要性を再定義する必要があると考えられる。つまり，物理的な移動だけを考えるのであれば，高度に集積した巨大都市が有利であり，「東京」など限られた都市以外のその他は競争劣位に置かれることになる。

その一方で，コロナ禍を経た就業のあり方において，人々は「新宿」「渋谷」「大手町」「日本橋」「六本木」といった，人々が高度に交流する特定の小さな「集積」を求めることで対面による就業メリットを最大限に活かしつつ，オンラインなどを通じて域外の人々と交流することが重要になると考えられる。それと同時に，これまで発展のチャンスがあまりないと思われてきたような地方都市においても，特定の「場所」において地方大学との連携を含めた産業やイノベーションの創発，そしてそこに飲食や居住の生活面や居心地をミックスすることによって，過去の「産業クラスター構想」とは違った形での小さな「集積」を活かし，必要に応じて東京などを含めた大都市とオンラインで連携するという可能性が生まれてくる。

世界的には，コロナ禍になる以前，イノベーションの創発と都市のあり方の関連では，「仕事における新たな地理」を主張したUCバークレーのモレッティ教授の研究が注目されていた（Moretti 2012)。そこでは，ある特定の小さな集積におけるイノベーションの創発とそのための雇用が「乗数効果」のようにその５倍程度の関連産業の雇用を生み，それら集積が新たな「都市」を形作って大きく発展していく姿を描いた。イノベーションが大きく進展してきた北米の「ソフトウェア産業」において，その集積の地理的なスケールは，１マイル（1.6km）の距離であって，それより大きくなるとそれら集積の効果が大きく減衰するという研究もある（Rosenthal&Strange 2004）

そして，特に2010年代に入ってからは，「イノベーション地区（Innovation District)」と呼ばれる，大都市や地方都市の特定の地域（まちなか）で人々が交流してイノベーションを生み出す都市モデルが生まれ，発展してきたとされる（Katz & Wagner 2014)。その「イノベーション地区」の特徴としては，「アンカー」となるような高度な大学や研究機関の存在のほか，イノベーションを起こす人材が，歩きやすい（ウォーカブルな）空間・場所において交流し，生活することが挙げられる。

欧米では「ウォーカブル」な地理的範囲としては，半径1/4マイル（400〜500m）であるとされているが，そのような小さな範囲を核として，日本語で言うと「場の力」を活かしてイノベーションを起こす仕組みが提唱されている。コロナ禍を経て，我が国の東京など大都市の内部，郊外，地方都市など多様な場所において，「イノベーション地区」の実現とそれによる大都市・小都市に関わらない発展が期待される[5]。

その際，重要な役割を果たすのは，市町村あるいはより小さい範囲での公共的な主体の存在である。前述のように，財政難，人口減に直面する自治体においては，首長がリーダーシップを執ることによって市町村という基礎自治体が，子育て・福祉といった課題について苦心して対応しながら日々の政策を行っている状況である。このような状況に鑑み，新しい地方自治体のあり方を模索する必要があるが，デジタル化の進展を活かしつつ，重厚長大な結びつきだけでなく，若い人々を含めた緩かな連携とイノベーティブかつ地に足のついた施策推進が重要である。

そのためには，自治体・公務員と民間企業という二項対立ではなく，NPOや学生，スタートアップなどの多様な主体が効果的な連携を行い，都市・地域や公共・民間の垣根をこえた「人流」が生まれることが必要である。新しい発想や視点で政策を今後進め，地域構造や国土構造をボトムアップで支え，変化させていき，それにより，我が国の経済社会を維持・発展することが求められる。

注

1　東京一都市の外部経済と負の経済を研究したものとして金本・大河原（1996）がある。

2　例えば，「経済財政運営と改革の基本方針2020」（令和２年７月17日閣議決定）23ページ参照。

3　我が国における全国の就業者を対象とした調査である大久保敏弘・NIRA総研（2021）「第５回テレワークに関する就業者実態調査」においては，2021年９月１週目時点で，テレワーク利用者のうち，テレワークの生産性が通常勤務と変わらない100と回答した人の割合は40%であり，70〜100が67%を占め，110〜130が10%を占めるなど，テレワークによる就業について「効率性が大きく低下している人も一部みられる。」としている。

4 オンラインと対面就業という「ハイブリッドワーク」の時代における都市中心部のあり方について論じた論考としては，例えば，Tracy Hadden Loh "Downtown Needs to Change to Survive" The Atlantic（https://www.theatlantic.com/ideas/archive/2022/03/hybrid-remote-work-office-space/627060/）が挙げられる。

5 「イノベーション地区」に係る日本初の事例として，新潟県長岡市において，イノベーション地区を核としたイノベーション都市の実現を目指すこととし，長岡市，内閣府地方創生推進事務局，東京大学連携研究機構不動産イノベーション研究センター（CREI）の三者による研究連携協定が2022年３月に締結された。

参考文献

大久保敏弘・NIRA総研（2021）「第１・２・３回テレワークに関する就業者実態調査報告書」

大久保敏弘・NIRA総研（2021）「第５回テレワークに関する就業者実態調査（速報）」

金本良嗣・大河原透（1996）「東京は過大か―集積の経済と都市規模の経済分析」電力経済研究（37），29-42,電力中央研究所経済研究所

経済産業省産業構造審議会（2006）地域経済産業分科会（第４回）報告書（案）参考資料 https://www.meti.go.jp/shingikai/sankoshin/chiiki_keizai/pdf/004_01_02.pdf

経済産業省（2009）「産業クラスター計画2009」https://www.meti.go.jp/policy/local_economy/tiikiinnovation/source/Cluster2009_brochure.pdf

国土交通省（2014）「国土のグランドデザイン2050」https://www.mlit.go.jp/common/001047114.pdf

NIRA総研，大久保敏弘，辻琢也，中川雅之（2020）「「全国市町村長の政策意識とリーダーシップのあり方」に関するアンケート調査（速報）」NIRA研究報告書

Cushman & Wakefield（2020）"The Future of Workplace", June 2020

Katz, Bruce & Wagner, Julie（2014）"The Rise of Innovation Districts: A New Geography of Innovation in America",Washington, D.C.: Brookings Institution.

Kondo, K., & Okubo, T.（2020）. *The Revitalization of Shrinking Cities: Lessons from the Japanese Service Sector*. Research Institute of Economy, Trade and Industry（RIETI）.

Moretti, Enrico（2012）*The New Geography of Jobs*. Boston: Houghton Mifflin Harcourt

Okubo, Toshihiro（2021）"Innovative Cluster Policies: Evidence from Japan" Ch.6 in *Shifting Gears in Innovation Policy: Strategies from Asia*, Stanford Univ Press.

Okubo, T.（2022）. Telework in the spread of COVID-19. Information Economics and Policy, 60. 100987

Okubo, T., & Tomiura, E.（2012）. Industrial relocation policy, productivity and heterogeneous plants: Evidence from Japan. *Regional Science and Urban Economics, 42*（1-2）, 230-239.

Okubo, T., Okazaki, T., & Tomiura, E.（2022）. Industrial cluster policy and transaction networks: Evidence from firm-level data in Japan. Canadian Journal of Economics, 55（4）1900-2035

Rosenthal, Stuart & Strange, William（2004）"Evidence on the nature and sources of agglomeration economies", Handbook of Regional and Urban Economics, vol. 4, Chapter 49, 2119-2171, Elsevier.

大倉紀彰

第8章

地域社会と環境保全

1　人口と環境（概観）

（1）感染症と環境

2020年から世界中でCOVID-19が猛威を振るっている。まずは，感染症と環境との関係から論を始めたい。

地球上の人口が増加し，人類の活動領域が広がるにつれて，これまで人類と活動領域を隔てていたウィルス等と接触する機会が生じ，新たな感染症のリスクが高まった，と考えられる。例えば，1960年以降に報告される新興感染症の30％以上は，森林減少，野生動物の生息地への人間の居住，都市化等の土地利用の変化が発生要因との報告がある（The Intergovernmental Science-Policy Platform on Biodiversity and Ecosystem Services（IPBES）2020）。また，気候変動によって感染症の発生が増加しているとされる（The Intergovernmental Panel on Climate Change（IPCC）2022a）。地球温暖化の進行によって感染症リスクが高まる可能性も指摘されている（永久凍土の融解による古代のウィルスの放出リスク，デング熱を媒介する蚊の生息域の拡大等）。

さらに，都市化と感染症との関係では，我が国の人口10万人当たりのCOVID-19の国内の感染者数は，人口密度が高い地域が指数関数的に高くなる傾向にある（環境省 2020）。

（2）我が国の人口分布の変遷

上記のとおり，大都市への人口集中が，感染症のリスクを高めている可能性がある。特に，現在，全人口に占める関東地方の割合は，３分の１を超えており，一つの地域にこれだけの人口が集中したのは，縄文時代以来初めてである。他方，明治17（1884）年の最初の国勢調査では，その割合はわずか16％程度であり，近畿地方と同程度だった。逆に，1600年頃は，近畿地方の人口は全国の３割程度を占めていたと考えられている（鬼頭宏 2000）。江戸期は，全国的に人口が分散し，それぞれの気候風土や独自の教育システムなどを背景に，多様な文化を育んでいたと考えられる（**図表８-１**）。

図表８-１　日本の人口分布の変遷

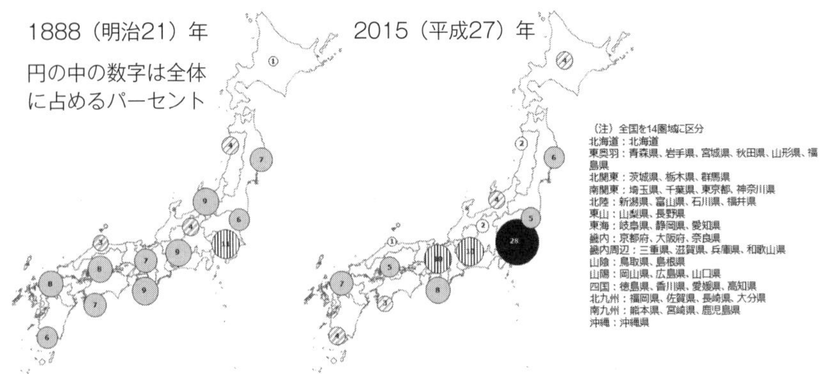

出所）環境省（2020）を（株）価値総合研究所が編集（元データは鬼頭宏（2000））。

（3）環境収容力と人口

現在，我が国は人口減少時代に突入した。他方，歴史人口学の知見に基づけば，我が国の人口の停滞・減少期は初めてではなく，今回を含めて4度の波があったとされる（鬼頭宏 2000）。最初は縄文時代である。この時代に狩猟採集社会としてのピークを迎えている。その後，農耕の開始により再び人口が増え，平安時代中期，国風文化が花開く頃に再びピークを迎える。その後，市場経済の浸透等により，室町時代中期から急速に人口が増え，江戸時代中期まで増加が続いた。江戸時代後半は人口の増加は停滞し，明治期に入り，産業革命とともに急激な人口増加が起こり，現在に至った。生物としての人間の個体数の増加は，一般的にある一定の環境収容力（食料やエネルギーなど）に向かって，当初は指数関数的に増加し，環境収容力に近づくにつれて伸びが鈍化する，いわゆるS字曲線を描く。その環境収容力はその時代の技術水準等で変化するため，人口のピークがこれまで引き上がってきた。「人類は，各種の制限要因を克服し，この環境収容力を上げてきたものと見ることができる」との指摘がある（環境省 1995 p.10）。

（4）環境収容力からみる今回の人口減少の捉え方

資源・エネルギーに着目すると，江戸時代の第3の人口波動までは，一部の金属資源などを除いて，ほぼすべてが「地上」に存在する再生可能な資源やエネルギーが環境収容力を規定していた。明治以降，環境収容力を大幅に拡張したのが化石燃料等の鉱物資源（大半が地下に存在する「地下資源」ともいえる）の大規模利用である（**図表8-2**）。しかし，それが，気候変動をはじめとする地球規模の環境問題を引き起こし，「地球の限界（プラネタリー・バウンダリー）」の考え方（環境省 2018，Johan Rocström et al 2009）に代表されるように，現在の人類活動は，地球全体の環境収容力を超え，人間が安全に活動できる境界を越えるおそれがある。例えば，気候変動問題では，最新の科学的知見（IPCC 2021）によれば，産業革命以後，地球の平均気温は1.07 ℃上昇したという。また，人為起源の気候変動は，既に極端現象の頻度と強度の増加を伴って，自然と人間に対して広範囲にわたる悪影響とそれに関連した損失を引き起こしている（IPCC　2022a）。

図表8-2　文明システムの変遷

	縄文システム	水耕農耕化システム	社会経済化システム	工業化システム
最高人口（万人）	26（縄文中期）	700（10世紀頃）	3,258（1823年）	12,778（2007年）
最高人口密度（人／km²）	0.9	24	112	338
文明の階段	自然社会（狩猟漁労採取）	農業社会（直接農業消費）	農業社会（間接農業消費）	工業化社会
主要エネルギー源（Wrigleyの分類）	生物＋人力 自然力	生物＋人力 自然力 Organic Economy	生物＋人力 自然力 Advanced organic economy	非生物 自然力→電力 Mineral energy-based economy

出所）鬼頭宏（2000）p.254から抜粋。

人口減少は，我が国だけでなく欧州やアジアの国々でも観察されており，今世紀半ばには，世界人口がピークを迎えるとの研究もある（Stein Emil Vollset et al 2020）。生物としての人間の個体数の増加が，地球全体の環境収容力に向けて収斂しているとも考えられ，環境収容力に適応する経済社会の構築が求められるであろう。その点については，第2節において触れる。

2　人口減少社会における環境政策の基本的方向性

（1）「循環共生型社会」の追求

環境基本法に基づく第5次環境基本計画（平成30年3月閣議決定）に盛り込まれた環境行政の目標は，「循環共生型社会」の構築である（循環共生型社会を地域単位で実現する概念として「地域循環共生圏」を提唱している）。形がある「モノ」だけでなく炭素や窒素を含む「健全な物質循環」を確立するとともに，自然との共生を図っていくことを目指している。

未知の感染症は，人間が関与することによる生態系の乱れが一つの原因となり得ることを踏まえると，自然との共生の考え方は今後ますます重要になる。

（2）地上資源主体の経済社会の構築

パリ協定（2015）では，地球の平均気温の上昇を2℃より十分低い水準に抑えることを目標とし，1.5℃以内に抑える努力を求めている。2021年11月にイギリスのグラスゴーで開催された気候変動枠組条約第26回締約国会議（COP26）では，1.5℃を目指す姿勢が事実上より強化された。この1.5℃の実現のためには，世界の温室効果ガス（GHG）の排出量を2025年までにピークとし，2030年までに2010年比で4割削減し，2050年代初頭にCO_2排出量をネットゼロにする必要があると指摘されている（IPCC 2022b）。2022年4月現在，我が国を含む60カ国が，2050年までのカーボンニュートラルを目指している（気候ウォッチClimate Watch 2022）。気候変動問題を踏まえれば，経済社会を，化石燃料に依存したまま環境収容力の範囲内に維持することは困難である。

また，近年は，欧州を起点として，サーキュラー・エコノミーを実現する動きも活発化している。我々が利用する金，銀，鉄等の資源については，「都市鉱山」（使用済製品等に含まれる有用資源等）の言葉が象徴するように，特に先進国においては十分地上に蓄積されている[1]。

このように，「循環共生型社会」が目指す「健全な物質循環」の本質は，人類活動を環境収容力の範囲内で適切に行えるよう，再生可能な資源やエネルギーである「地上資源」主体の経済社会の構築にある。

エネルギー・資源の大半を輸入している我が国にとって，地上資源主体の経済社会を構築して健全な物質循環を確立することは，海外への資金や希少金属等の資源の流出を防ぐことにもつながり，エネルギー・資源安全保障に資する。2022年に勃発したロシアによるウクライナ侵攻に伴うエネルギー価格の高騰等を鑑みれば，その重要性は増している。

（3）地上資源と地域社会

地上資源主体の経済社会とは，人口が分散していた江戸期と共通する。事実，

図表8-3　再生可能エネルギーの自治体別ポテンシャル

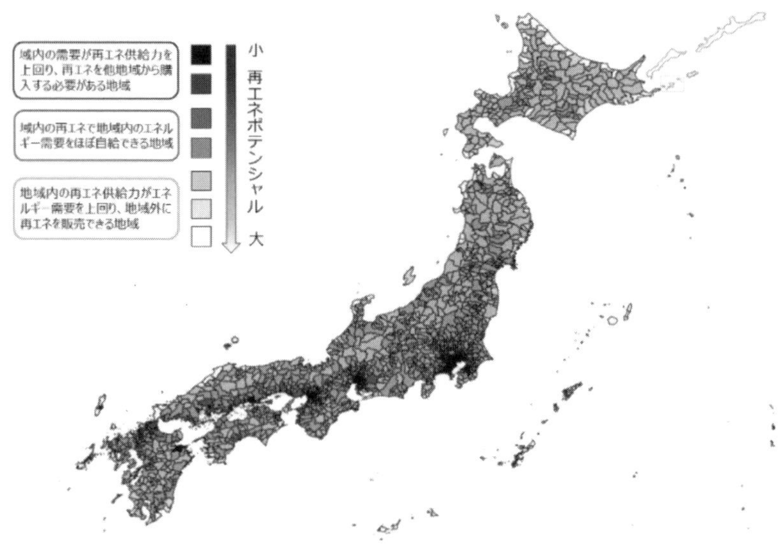

出所）環境省（2019）p.8の図1-3-1を㈱価値総合研究所が編集。

再生可能エネルギーのポテンシャルは，地方部の方が豊かである（**図表8-3**）。環境収容力を大きく決定付ける要素の一つであろう気候変動問題を考えた場合，再生エネルギーの有効活用を図るために地産地消を促進するという視点からは，国土構造は分散化に向かうことが望ましいであろうし，既に，石狩市の再生可能エネルギー100%の工業団地の整備など地域の豊富な再生可能エネルギーを活用して企業誘致等を図る自治体が現れている。

地域社会にとって，化石燃料依存からの脱却は大きな経済的意味を持つ。国全体で鉱物性燃料の輸入額が28兆円に上った2013年時点では，９割を超える自治体（発電所などが存在しない地域）が，エネルギーや石油・石炭製品に関する付加価値の収支が赤字となっており，７割を超える市町村では，その赤字額が地域内総生産の５％相当額以上に上る（環境省 2015）。我が国全体のGDPに占める自動車製造業の割合が約３％，情報通信産業の割合が約５％であることを鑑みると，中小規模の自治体にとって，エネルギーや化石燃料関連の産業は，大きな経済的インパクトを与えている。逆に，各地域でエネルギー効率を向上させ，再生可能エネルギーを地元の資本を主体として導入し，余剰分を都市部に移出すれば，当該地域にとっていわば基礎体力を向上させることが期待できるのである。

(4) 汚染物質の削減

「健全な物質循環」の確立の観点では，自然の分解能力を超えた大気や水に対する汚染物質の更なる削減も課題である。例えば，COVID-19対策によるロックダウン政策によって，我が国を含めた世界の各都市で，一時的にではあるが大気質の改善が観察され（**図表8-4**），人々が良好な大気環境の重要性を改めて認識したと考えられる。米国では，人権問題等と結びついた「環境正義」の観点から，大気汚染対策が重視され，石炭火力の縮減や電気自動車の導入などについても，大気汚染改善が重要な動機として存在する。また，現在電気自動車の新車販売比率で世界トップのノルウェーにおいても，電気自動車の普及促進は，特に冬期の大気汚染対策も念頭にあるとされる。

図表8-4　窒素酸化物の大気中濃度

2020年4月13日～4月26日の平均

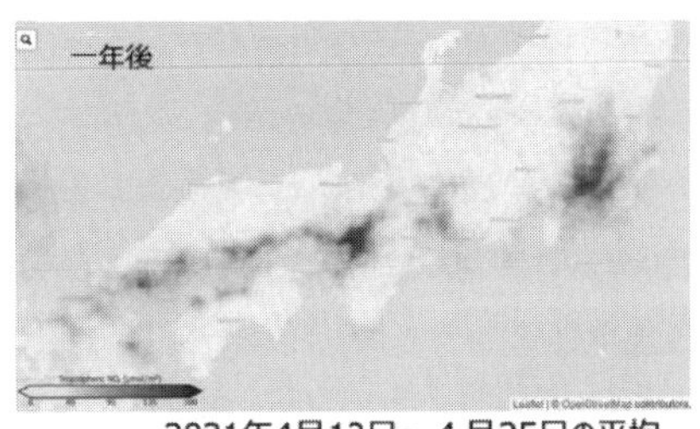

2021年4月12日～4月25日の平均

出所）欧州宇宙機関ウェブサイト（https://maps.s5p-pal.com/no2/）

(5) 変化する人々の環境意識を踏まえた高質・良好な環境の追求

水俣病の公式発見の２年前の1954年に制定された水俣市立水俣第二小学校の校歌では「街の甍の　はるかな空で　うすくれないに　華咲く煙」と謳われている。また，四日市市の市歌（1957年）では「工場の煙　たえ間なき　産業都市の　栄えを見よや」とある。激甚な公害被害や地球環境問題の発生を経て，人々の環境意識は大きく変化し続けている。

世界的に，Z世代は環境意識が高いという指摘が多い（例：国連開発計画2021)。そのような世代にとっては，居住や就業の場所の選択や消費活動等に際し，「高質・良好な環境」というものが一つの重要な条件となるかもしれず，人口減少下における人材の獲得の観点等において，国の競争力に影響を及ぼす可能性があるのではないか。環境意識の歴史的変化を踏まえつつ，近年加速しているESG投資や将来世代の環境意識も想定しながら今後の政策を検討する必要があると考えられる。

3 人口減少時代における環境政策の視点からの国土・土地利用のあり方

（1）自然資本の活用

先述したとおり，地上資源主体の経済社会構造の構築の観点からは，分散型国土を目指すべきであろう。

内閣府の調査（2021）によれば，コロナ前に比べて地方への移住の関心が高まり，その理由として，自然豊かな環境に魅力を感じたこと（31.5%），テレワークによって地方でも働けるようになったこと（24.3%）を挙げている。自然資本とデジタルが今後の国土分散化の原動力となるかもしれない。

水，大気，森林などの自然資本は，人類の生存の土台であるとともに，景観などそれぞれの地域の文化的背景を担ってきた。その自然資本について，英国財務省（2021）の「ダスグプタ・レビュー」など，定量的な経済社会的評価を行う動きが世界的に広まってきている。

生物多様性条約の締約国会議では，2030年までに国土の30%を保全する「30by30」という世界目標が議論されており，G7諸国では，既に2021年6月にイギリスのコーンウォールで開催されたサミットで合意された。このような保全エリア（国立公園や都市内の緑地など）は，多くの生態系サービス（生態系から供給される気候の緩和，食料・エネルギーの供給，文化的な基盤などの恵み）を通じて生活の質の向上に寄与するだけでなく，観光資源にもなり得る。

また，近年は，健全な自然生態系が有する機能を生かし，気候変動や防災などの社会的課題の解決を図る取組である，Nature-based Solutions（NbS）の重要性が世界的に指摘されている。

今ある自然資本を保全するだけでなく，積極的な自然再生も求められる。干潟の再生など豊かな自然を取り戻すほか，後述するコンパクト化等の土地利用の見直しの一環として，居住に適さなくなった地域等における自然再生も考えられるだろう（環境省 2015）。

加えて，自然資本は，東京をはじめとした大都市にも貴重である。東京では，地球温暖化と「熱汚染」ともいえるヒートアイランド現象が相まって，気象庁の観測データでは，この100年間で気温が約３℃上昇した。都市化に伴い，緑地や水面が減少したことが一つの理由である。東京の厳しい夏に対応して，在京の在外公館や外資系企業は，従業員に「熱帯地手当」「亜熱帯地域手当」を出すところもあるという。これは，東京の魅力・競争力の点で，高質，快適な環境を求める人々には不利に傾く。かつて，幕末の英国の外交官オールコックは，緑豊かな江戸の町並みを称えた（Sir Rutherford Alcock 1863）。分散型国土の構築は，東京にとっても，過度な量的集中を緩和し，都市の中に自然資本を取り戻し，競争力を向上させるチャンスではないか。既存の緑地・水面がこれ以上減少しないように措置するとともに（相続時における屋敷林の売却・開発などへの対応など），それらを増加させるための策を積極的に講ずるべきであろう。

（２）地方の力を引き出す総合的な環境土地利用制度

上記のとおり，分散型国土が望ましいとしても，脱炭素の観点からは無秩序な都市の拡散は，自動車走行量や床面積の増大につながることから，「コンパクト・プラス・ネットワーク」型の都市構造が求められる。市街地の人口密度が高いほど，徒歩，自転車，公共交通の分担率が上がるなど自動車総走行量が減少する傾向にある（**図表８-５**）。電気自動車などのZEV化が進んだ場合でも，無尽蔵ではない脱炭素電源・燃料の範囲内でエネルギー消費量を抑制する観点から，自動車走行量の抑制は必要となる（電気自動車よりも鉄道のエネルギー効率は高く，引き続き公共交通の重要性は変わらない)。

図表8-5　市街化区域人口密度と一人あたり自動車走行台キロ

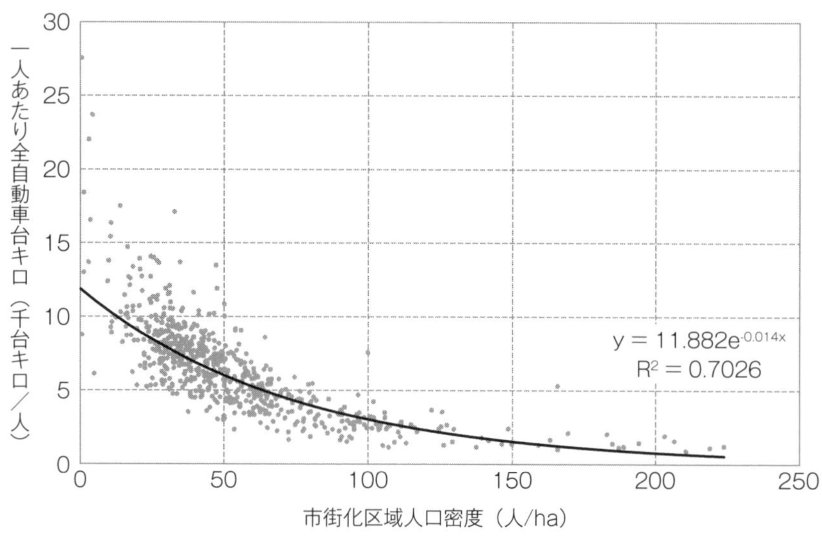

出所）環境省（2020）

また，コンパクトな市街地は，インフラの維持管理コストが安いことが知られており，かつ，高齢者の外出頻度，徒歩・自転車の分担率が高く，要介護率も低くなる傾向がある（環境省　2020)。いずれも人口減少・高齢化社会において重要な論点である。

地球の平均気温の上昇を首尾良く1.5℃以内に収められたとしても，大雨などの災害の増加は避けられないとされる。そのため，気候変動への「適応」が不可欠である。歴史的に洪水や土砂崩れなどのリスクが高いために居住に適さないとされてきた地域についても，特に明治以降の人口の増加に伴って人々が居住範囲を広げてきた。人口減少社会を契機とし，かつ，上記のコンパクト化の視点からも，今後，人々の居住地域を災害リスクの低い地域に誘導していくことも重要になるであろう。

加えて，脱炭素化の過程で，産業構造が大きく変化すると予想される。石油コンビナートや火力発電所などの産業が多く立地し，今後海面上昇等に伴う高潮リスク等が高まる臨海部の土地利用も変化が想定されるのではないか。

各地域では，本格的な人口減少・高齢化社会を迎えるに当たり，上記に挙げたような様々な要素や，（1）の自然資本の活用含め，今後の総合的な土地利用の在り方を検討する必要があろう。

4 人口減少社会と経済政策としての環境政策（環境経済政策）

（1）経済政策の前提となる人口減少と最新最良の科学に基づく環境制約

今後の経済社会を検討する場合，今すぐ出生率が改善されたとしても，数十年は人口減少が続くことを前提としなければならない。それと同様に，最新最良の科学に基づく環境制約（＝環境収容力）についても，いわば所与の条件としてとらえることが重要であり，そのように考えて行動している企業も少なくない。このことは，各企業にとって今ある「強み」を生かせない，従来の戦略の転換を迫られることになるかもしれないが，新たな状況に適応しなければ，生き残りそのものが難しくなるおそれがある。

例えば，自動車では次のような考え方が浸透し始めている。1.5℃目標を実現するためには，2050年にカーボンニュートラルを達成しなくてはならず，自動車からの排出量はゼロとなる。2050年の段階で，道路上を走るすべての自動車の排出量をゼロとするためには，乗用車の平均使用年数（日本では約13年。米国では12～14年。）を踏まえると，2035年頃には新車はすべてゼロエミッション車（ZEV）[2]とすべき，との考え方が登場していきている。上記のような考えの下，乗用車の新車について，例えば，ゼネラル・モータース（GM）は2035年，ホンダは2040年にZEVにすることを表明している。また，EUは乗用車・小型商用車のCO_2排出基準を改正し，2035年までに100％の排出削減を目標にした（2022年）。

「エンジン技術に強み」など供給側の特性だけでなく，科学的知見に基づく環境制約という需要サイドの「環境性能」を求める要請が市場の競争条件を決定付ける要素となりつつある。環境意識の高まりは，その動きを加速化させるだろう。他方，企業には，従来の強みや成功体験に引きずられる「経路依存性（path dependence）」が存在するため，政策的誘導が必要との指摘がある（Phillip Aghion et al　2021）。

（2）付加価値労働生産性と炭素生産性・資源生産性の同時向上

第1章4節（3）において，人口減少・高齢化，カーボンバジェット（炭素予算）などの制約が存在する状況下において，付加価値労働生産性，炭素生産性の同時向上の重要性を述べた。今後のサーキュラー・エコノミーの進展を踏まえると，資源生産性の向上も不可欠であろう。

これらの生産性の向上には，第1章4節（3）で述べたとおり，無形資産投資（特に我が国が不足している人的資本やマーケティングなどへの投資である経済的競争能力投資）が大きな役割を果たす可能性があるが，無形資産投資拡大に向けてどのような方策があるであろうか。

付加価値労働生産性と炭素生産性の同時向上の視点からは，生産要素を炭素（化石燃料）から無形資産にシフトさせることが効果的であろう。わかりやすく一つ例示するならば，大量にモノを創って（エネルギーを消費する）薄利で販売するビジネスモデルから，マークアップ率を上げるなど高付加価値化を図り，「量から質」への転換を図っていくことが重要と考えられる（環境省2017）。

既存の研究（小林光，岩田一政ほか　2021）によれば，過去のデータでは，我が国ではエネルギー価格が上昇すると，DXなどの無形資産投資が拡大したという（エネルギーと無形資産の代替弾力性が0.4と分析している）（**図表8-6**）。また，実効炭素価格（OECDが分析した炭素税，排出量取引制度，エネルギー課税を合計した炭素価格）が高い国は，GDPに対する経済的競争能力投資の比率が高い傾向にある（**図表8-7**）。

カーボンプライシングが，無形資産投資の拡大を促し，付加価値労働生産性と炭素生産性の同時向上に寄与するという可能性があるのではないか[3]。

（3）人的資本投資と公正な移行

気候変動問題の経済的側面の本質の一つは，先に述べたように，科学的知見

図表8-6 エネルギーが割高になると無形資産を増やす傾向

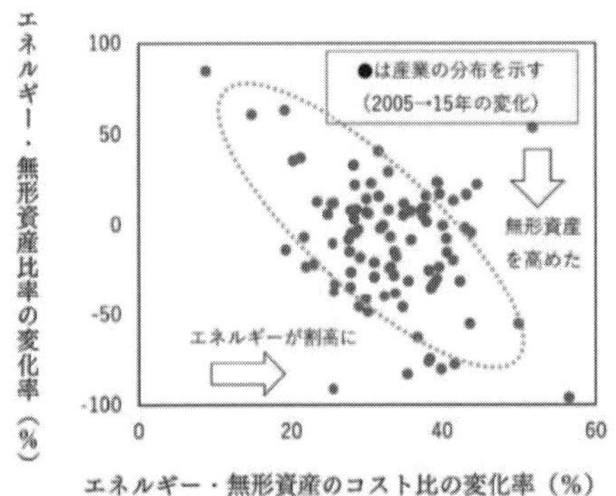

（資料）経済産業研究所の産業データ（JIPデータベース）をもとに日本経済研究センター推計（2005～15年の変化）。エネルギーは各産業の石油・石炭製品，電気，ガスの中間投入。無形資産はソフトウェアや研究開発，人材教育によるスキル蓄積などを表す。

出所）小林光・岩田一政ほか（2021）p.43

図表8-7 GDPに対する経済的競争能力投資の比率と実行炭素価格との関係

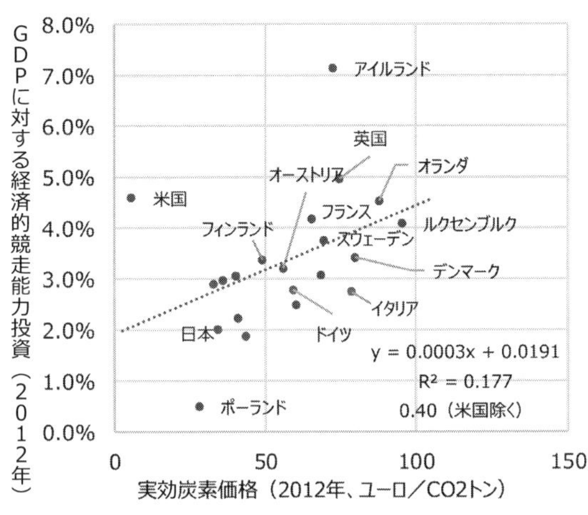

出所）OECD「Effective Carbon Rates」，Intan-Invest，経済産業研究所「JIPデータベース2015」より筆者作成。

に基づく環境制約という需要サイドの要請によって，大きく供給構造（産業構造）の転換をもたらす可能性があることである。

再生可能エネルギーやエネルギー効率化等の関連産業が伸張する一方で，化石燃料関連産業等は転換を迫られていく。それらの産業に従事している労働者の円滑な就業先の変更やそれらの産業に依存している地域の振興について，いわゆる「公正な移行」の重要性が世界的に指摘されている（環境省 2021）。

米国においては，2021年１月，政権内に特別チーム（「石炭・発電所コミュニティと経済活性化に関する省庁間作業部会」）を設置して本格的な検討を開始している（コロラド州やニューメキシコ州など州単位での独自の政策もある）。また，EUは，「持続可能な欧州投資計画」の一環として，2021～27年の間に1,000億ユーロの動員を目指した「公正な移行メカニズム」を実施している。我が国においても，1960年代，70年代を中心として，産炭地域の対策において20万人に及ぶ炭鉱離職者の支援や新たな産業の育成などを図ってきた経験がある。

この「公正な移行」の実現には，人的資本投資の拡大が鍵となる。脱炭素やデジタル分野など成長産業に就業するための職業教育・訓練が必要不可欠であろう。また，経営者層についても，最新最良の科学に基づく脱炭素に向かう流れを的確に把握し，余裕を持って事業転換を図っていくための経営戦略の構築が必要であり，それを担う人材の教育も重要となると考えられる。いずれにしても，人口減少下においては，一人一人の人材が働きがいを感じ能力を発揮できるかは，国の競争力に直結する。この「公正な移行」をきっかけとして，他の先進国に比べて低水準にとどまるとされる人的資本投資を抜本的に増やしていくための施策の導入が求められるのではないか。

注

本章における見解は，筆者個人のものであり，筆者が所属する組織としての見解を示すものではない。

1　オリンピック・パラリンピック東京2020大会において必要とされた約5,000個のメダルについて，すべて携帯電話や小型家電等のリサイクル材で製造されたことは記憶に新しい。我が国の鉄の蓄積量は約13.6億トンであり，一人当たりでは世界でトップレベルである（日本鉄鋼連盟　2018）。森林蓄積量も，1960年代から比較して３倍近くになっている（林野庁 2022）。

2　ZEVとして，主に，バッテリー電気自動車（BEV），燃料電池車（FCV）に加え，水素を利用して生成した合成燃料を従来の内燃機関車で利用するものがある。モーターやエンジンにおけるロス，水素精製時のロス等を加味した総合的なエネルギー効率は，BEVが，FCVの約３倍，合成燃料車の約６倍高いとの試算がある（TRANSPORT &

ENVIRONMENT 2020)。走行に係る環境性能は，BEVが有利である。
3　産業特性に配慮した制度設計は必要と考えられる。

参考文献

環境省（1995）「平成７年版環境白書」（閣議決定文書）
環境省（2015）「平成27年版 環境・循環型社会・生物多様性白書」（閣議決定文書）
環境省（2017）「長期低炭素ビジョンの取りまとめについて」https://www.env.go.jp/press/103822.html
環境省（2018）「第５次環境基本計画」（閣議決定文書）
環境省（2019）「令和元年度 環境・循環型社会・生物多様性白書」（閣議決定文書）
環境省（2020）中央環境審議会　総合政策部会「資料２－１」「資料２－２」「資料２－３」https://www.env.go.jp/council/02policy/1.html
環境省（2021）「パリ協定に基づく成長戦略としての長期戦略」（閣議決定文書）
鬼頭宏（2000）「人口から読む日本の歴史」講談社
国連開発計画（UNDP）（2021）「Peoples' Climate Vote」
小林光・岩田一政　日本経済研究センター編著（2021）「カーボンニュートラルの経済学 2050年への戦略と予測」日経BP
内閣府（2021）内閣府「第４回 新型コロナウイルス感染症の影響下における生活意識・行動の変化に関する調査」
日本鉄鋼連盟（2018）「日本鉄鋼連盟長期温暖化対策ビジョン『ゼロカーボンスチールへの挑戦』」
林野庁（2022）「森林・林業統計要覧2021」
Climate Watch（2022）"*Net-Zero Tracker*" https://www.climatewatchdata.org/net-zero-tracker?category=target_description&indicator=nz_year
IPBES（2020）"*IPBES Workshop Report on Biodiversity and Pandemics*" https://ipbes.net/sites/default/files/2020-12/IPBES%20Workshop%20on%20Biodiversity%20and%20Pandemics%20Report_0.pdf
IPCC（2021）"*Climate Change 2021: The Physical Science Basis, Summary for Policymakers*" https://www.ipcc.ch/report/ar6/wg1/downloads/report/IPCC_AR6_WGI_SPM.pdf
IPCC（2022a）"*Climate Change 2022: Impacts, Adaptation and Vulnerability, Summary for Policymakers*" https://report.ipcc.ch/ar6wg2/pdf/IPCC_AR6_WGII_SummaryForPolicymakers.pdf
IPCC（2022b）"*Climate Change 2022: Mitigation of Climate Change, Summary for Policymakers*" https://report.ipcc.ch/ar6wg3/pdf/IPCC_AR6_WGIII_SummaryForPolicymakers.pdf
Philippe Aghion, Celine Antonin & Simon Bunel（2021）"The Power of Creatvive Destruction"
Johan Rockström, W. L. Steffen, Kevin Noone, Åsa Persson, F & Stuart Chapin III（2019）"*Planetary Boundaries: Exploring the Safe Operating Space for Humanity*"
Sir Rutherford Alcock（1863）"*The Capital Of The Tycoon*"（山口光朔訳（1962）『大君の都』岩波文庫）

Stein Emil Vollset,Emily Goren,Chun-Wei Yuan,Jackie Cao, Amanda E Smith, Thomas Hsiao, Catherine Bisignano, Gulrez S Azhar, Emma Castro, Julian Chalek, Andrew J Dolgert, Tahvi Frank, Kai Fukutaki, Prof Simon I Hay, Prof Rafael Lozano, Prof Ali H Mokdad, Vishnu Nandakumar, Maxwell Pierce, Martin Pletcher, Toshana Robalik, Krista M Steuben, Han Yong Wunrow, Bianca S Zlavog & Christopher J L Murray (2020) *"Fertility, mortality, migration, and population scenarios for 195 countries and territories from 2017 to 2100: a forecasting analysis for the Global Burden of Disease Study"*
https://www.thelancet.com/journals/lancet/article/PIIS0140-6736 (20) 30677-2/fulltext

星野佳路

第9章

人口減少・少子高齢化社会と観光産業

1 観光立国とは

観光立国というコンセプトは，2004年の小泉内閣下で観光立国戦略会議ができたことでスタートしたものである。観光立国とは，日本各地が地域独自の魅力をつくり，国内および国外からの流入人口を増やし，観光を地方の基幹産業の一つに育てていこうというコンセプトである。人口が減少する中でも，観光によって雇用を生み，投資を呼び込み，移転しない地域密着型の産業として地域経済に貢献していく，これが観光立国が目指していた定義だった。

人口が１人減少した分は外国人客を８人連れてくる，または国内旅行者を23人連れてくると，人口が１人減少した分の消費額を代替できる。つまり流入人口を増やすことで，人口減少による地域の衰退を遅らせることができると言える。

住民基本台帳のデータを基に作成されている「人口増減率ランキング2020」では，自治体の人口増加率で３年連続ナンバーワンになったのが北海道の占冠

（しむかっぷ）村だった。この占冠村では2004年に「アルファリゾート・トマム」というリゾートが破綻し，難しい案件だったが，星野リゾートが再生に取り組み，今も「リゾナーレトマム」として運営している。ここ10年で業績がよくなり，特にこの４～５年インバウンドが増えた。国内旅行者も安定し，夏は８割が日本人旅行者である。業績が良くなったことで社員の定住数も増加し，結果として占冠村の人口増加率は３年連続日本一になった。『東洋経済ONLINE』による「都市データパック」（2019）でも，３年で19％人口が増えたという成果が紹介されている。観光は真剣に取り組めば，地方での人口の増加または維持につながる。特に若い人たちが雇用を求めて来てくれるのだ。

2　観光立国を考える上での５つのポイント

先述のとおり観光立国戦略会議が2004年小泉内閣下でスタートしたときの理念や思い，そして国にとって大事だとされていたことに対して現状はどうなのだろうかと考え，５つのポイントを指摘したい。

（1）国際的な獲得競争

まず初めに日本人がハワイやグアム，タヒチやヨーロッパに行くという海外旅行者と，インバウンド，海外から日本に来る旅行者は，**図表9-1**のように推移している。

図表9-1　アウトバウンドとインバウンドの比較

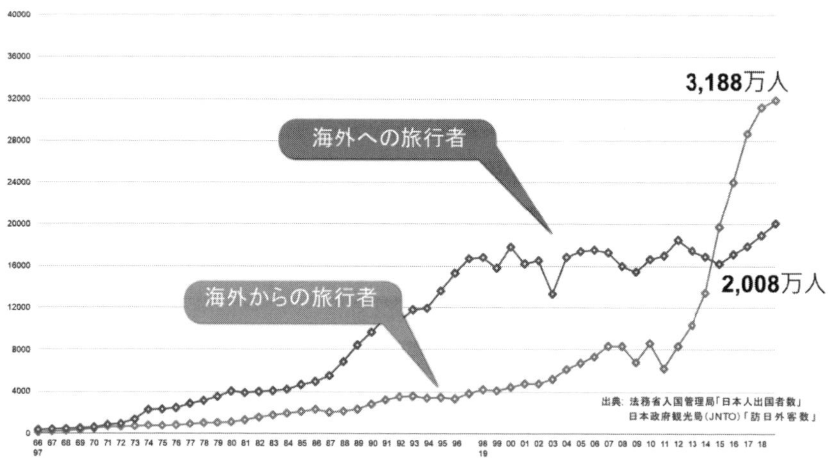

出所）法務省入国管理局「日本人出国者数」及びJNTO「訪日外客数」を基に筆者作成。

2004年は観光立国戦略会議がスタートした年で，そこから成長してきたが，過去５年は予想していたよりもはるかに速いペースで成長し，一方でそれが様々なひずみを生んでいるというのも事実である。2012年に世界の中でのインバウンド旅行者受け入れ数ランキングで日本は33位だったが，それがだんだん上がり，2018年には11位になっている。増加しているのは日本だけではなく，世界の多くの国がインバウンドを増やしていることが背景にある。新型コロナの流行前は，国際観光大バブル時代とも言え，約15億人が海外旅行をする時代になっている。

その中で日本のインバウンド旅行者が増えてきた本当の理由は，世界観光大爆発の要素の一つである中国が隣にあったということで，決して世界の観光産業の中で日本の競争力が高いわけではないと言える。

世界の中で一番成長しているのがアジアである。そのベネフィットを多大に享受したというのが日本におけるインバウンドの成長の背景で，もう一つの背景として円安も挙げられる。80円ぐらいだったものが110円ぐらいまで来たので，日本に行きやすくなった。特に中国の通貨との関連で日本の旅が安くなったことも大きな理由だった。

世界で旅行者は急増中で，獲得競争が起こっている中で，日本は決して産業競争力があるという状態ではない。例えば車でいうと良い車をつくるとか，テクノロジーがあるといった姿には観光業はまだなっておらず，マーケットの伸びが大きかったことや，地理的にも有利であったがために伸びているというのが現実のようだ。

（2）インバウンドの偏在

確かにインバウンドは伸びているが，宿泊者数で見てみると，東京，大阪，京都，北海道，沖縄という５つの都道府県で実はインバウンドの65％を占めており，偏在している。地方と都市の格差が観光でも生まれているという現状がある。2004年の観光立国戦略会議が始まったときの定義は，地方の観光，地方の新しい経済基盤になろうというものであったが，実際の成果は大都市に集中している。

成田空港が海外からのメインのゲートウェイにもかかわらず，成田空港から地方空港への便が少ない。成田空港から羽田空港に移動して，それから地方へ飛ばなくてはいけない。こうなっているのは観光大国の中では日本ぐらいで，他の観光大国ではエントランスになるハブ空港からターミナルを移動すれば地方に飛んでいける。前述のように成田空港から地方空港に飛ぶ便は少なく，韓国の仁川空港から日本の地方空港への便のほうが多い。例えばヨーロッパやアメリカ，中国から秋田空港に行こうと思うと，成田空港ではなく，仁川空港から行ったほうが速くて便利で安い。

成田空港からの便がない場合，日本の地方空港は，地方自治体が，仁川空港とのラインを維持しようとして，航空会社に補助金まで出している。税金を使って，仁川空港のアジアのハブ空港化を助けている。仁川空港は成田空港よりもアジアで強い空港になってきているが，それをサポートしているのは日本の地方自治体という，国益に反するようなことが起こっている。国が政策として，格安航空会社を導入したときは，成田空港等から地方空港にもっと安く飛んでもらうことを期待していたが，格安航空会社の在り方も，海外から日本に入ってくるところが充実している。東京から台湾に飛んだほうが羽田から北海道に行くよりも安い。韓国のソウルに飛んだほうが沖縄に飛ぶより安い。

海外の空港は地域経済を背負って立っているので，ランディングコストやランディングチャージというのは，ある程度柔軟に考えて，安くしてでも便数を確保することを優先しているが，日本の地方自治体が経営している空港は造ったときのコストを回収しようという概念があり，１日３便しか飛んでいないのに，営業するときに安くできない。市場原理を入れて空港を経営する必要がある。

インバウンドは伸びているが，地域偏重が強いということ，どうやってインバウンド格差を修正していくかが大事なポイントになっている。

（３）日本人の国内旅行需要の維持拡大策の重要性

日本の旅行市場規模では，外国人の消費額が上がり，2019年の数字では4.8兆円まで外国人の日本旅行での消費額が伸び，大きな経済効果が出てきている。

他方で，国からの発表や，メディアの報道では，インバウンドが大きく伸びているイメージがあるが，実は2019年の日本の観光旅行消費額28兆円のうち日帰りと宿泊を合わせた日本人による国内旅行が22兆円を占めている。

図表９-２　日本の旅行市場規模

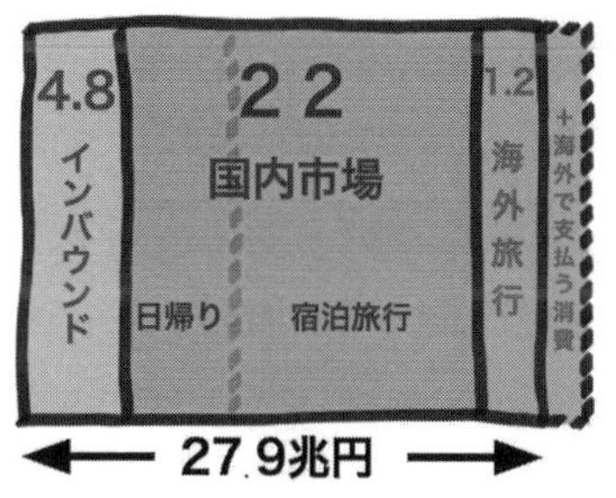

出所）観光庁「旅行・観光消費動向調査（2019年）」を基に筆者作成

国内旅行は市場規模が大きいという点が見逃されている傾向がある。世界大旅行時代なのでインバウンドは伸びるが，国内市場が少しでも減ると，インバウンドの成長分は飛んでしまう。これは実際に過去10年間で２回（2008年のリーマンショック，2011年の東日本大震災）起きていることだ。インバウンドは伸びたが，国内需要が少し下がったので，観光の総需要は落ちるのである。観光地にいると，景気が良くないなと感じても，メディアの発表では，今年もインバウンドが伸び，観光が伸びたという評価になる。

また，インバウンド全体は伸びても，東京，大阪，京都，北海道が伸びているのであり，地方にいると伸びていないと感じる。インバウンド格差もあり，また，大きな国内需要をどう維持するかの問題もある。これから2025年以降は後期高齢者がさらに増えるので，インバウンドが伸びても，日本の国内観光消費額が毎年減っていくということが起きうる。

コロナ禍においては，インバウンドの4.8兆円がなくなった。他方で，日本人の消費額というのは，国内で払っている海外旅行代金1.2兆円に対して，海外で支払っている代金を入れると約３兆円あると考えられる。4.8兆円なくなっても３兆円が戻って，全体で約25兆円の国内市場になった。これは大きな市場で，日本の観光産業にはプラスになった。

しかしながら，懸念点として，人口減少だけではなく，日本人の旅行参加率が落ちていることが挙げられる。人口減少分ならまだいいが，１人が旅行する回数，国内旅行の参加率が落ちている。

図表９-３　国内宿泊旅行実施率の推移

		2005	2016	差
20～34歳	男性	61.4%	51.7%	-9.7%
	女性	66.7%	60.3%	-6.4%
35～49歳	男性	62.2%	52.0%	-10.2%
	女性	64.8%	53.8%	-11.0%
50～79歳	男性	67.4%	55.0%	-12.4%
	女性	69.7%	55.6%	-14.1%

出所）じゃらんリサーチセンター「じゃらん宿泊旅行調査2017」

国内の，特に若い人たちの旅行参加率が減っているのは問題で，若者旅プロジェクトが重要となる。シニアディスカウントをする必要はなく，若い人たちに対して経済的にサポートしてでも日本国内をもっと旅してもらう工夫をしていく必要がある。

例えば星野リゾートが全国展開する温泉旅館「界」では「界タビ20s」を打ち出している。若者世代の経済事情を考慮し，20代限定のプランを出している。また，温泉旅館のマナーをクイズ形式で学ぶことができる「RYOKAN GUIDE」は，インバウンド用ではなく，日本の若者に向けて作っていた。彼らの中では温泉旅館離れが進んでいて，大浴場の入り方などを改めて伝える必要性も起こり始めている。日本人にもっと日本国内旅行をしてもらうという工夫も，国の政策としてはインバウンド以上に大事である。

日本人の国内旅行需要は減少中であり，人口減少プラス旅行参加率の減少が重なっている。インバウンドを支援する政策だけでなく，日本人の国内旅行をどう維持していくのかも同じぐらい大事な政策であり，そこに軸足を置いた政策が大事であると考える。インバウンド政策に重きを置きがちだが，それはマーケットが成長しており，達成しやすい目標だからだろう。実際に総需要のことを考えたときには日本人の国内旅行市場の方がより重要になってくるのではないかと考える。

（4）観光産業の収益性，生産性

観光産業というのは，経済規模としては大きな産業で，2013年の数字ではあるが，22.4兆円であり，建設業（58.4兆円），自動車（46兆円），電気機械（31.5兆円）に次ぎ，金融（22.1兆円）と並ぶ規模である（観光庁資料）。国交省北陸信越運輸局が出している，訪日外国人旅行消費額（2018年）は，実質的には輸出と考えれば，他の輸出分野と比べたときの観光産業の規模は３番目（4.5兆円）である（自動車12.3兆円，化学製品8.9兆円に次ぐ）。

ポイントは，他の産業に比べて利益率が低いことであり，生産性が低いことにあると言える。日本の第３次産業の生産性が米国等と比べて低いことは以前から指摘されている。その第３次産業の生産性の中でも，旅館やリゾートなどの宿泊施設は最も低いところにランクされている。

観光産業は，売上げ規模を目標にするのも大事だが，売上げ規模に対して利益が出ていないということが日本の地方経済にとっては問題である。温泉旅館の労働力投入量は日本の産業中で一番多く，一番生産性の低い宿泊カテゴリーに一番多くの労働力を投入しているという，この生産性の低さを改善していくことが課題になる。

利益が出ていない，生産性が低い理由の一つにシーズナリティーの激しさがある。平日は閑散期とし，土日だけ繁忙期ということで，非正規雇用の割合が圧倒的に多い。正社員化する，定住してもらう，そこで長く生活するための収入を確保するということを観光産業はやっていかなくてはいけない。そのためにはもっと利益を出さないといけない。

利益が出ると投資もでき，良い循環が回っていくが，日本の観光業を見ると構造的な問題があり，年末年始，ゴールデンウィーク，土曜日・日曜日，夏休みを入れた100日が黒字で，残り265日が赤字になる。100日のもうけ具合と265日の赤字の削減度合いで，年間を通して黒字だったか，赤字だったかが決まる。これが収益性の低下，生産性の低下につながり，投資不足，非正規雇用につながる。

消費者側からすると，ゴールデンウィーク，夏休み，お盆は，約2.5倍から３倍の価格で消費する。ゴールデンウィークはどんなに価格設定を高くしても満室になるというのが一般的である。ゴールデンウィークが終わったあとの週は，逆に価格を落としてもあまり稼働しない。結果，混んでいて，かつ価格が高いなら行かないという，顕在化しない内需が相当あり，最終的に海外旅行に行こうとなってしまう。

こうして市場原理が働きづらくなっている。ゴールデンウィークはどのホテル，旅館も全部満室になる。それ以外の閑散期では，頑張っても稼働が100％に届かなかったり，低かったりする。そうなれば投資をしてリスクを取っている人がその分のリターンを得られないということで，結果的に商品の魅力低下，投資が不足するということにつながる。

そこで，対策として国内大型連休の地域別取得を進めるべきであると考える。ゴールデンウィークは，日本の地域を５つに分けて，人口2,500万人ずつが交代でゴールデンウィークを取っていくことにより，需要を平準化する。フランスは需要の平準化のために既に行っている。２月の連休はA，B，Cと３つの地区に分け，交代で２週間ずつ連休を取っていく。観光先進国でやっていることを日本でも実現できれば大きく変わることになる。埋蔵内需という顕在化しない内需もあり，需要の平準化をすると，競争原理が働き始め，必ず料金が下がり，努力している事業者は報われ，顧客の満足度は向上する。設備投資に踏み切るだけの収益を上げる会社が出てくる。

環境を整備することで，将来的に色々な施設の近代化やソフトの改善につながるだけの収益を業界全体として確保できるようになってくるのではないかと考えている。今は，低収益性を放置しながら，売上げだけを追いかけていく政策に見える。

日本の旅行市場規模22兆円は大きな規模であり，ここが健全なうちに年間の需要を平準化すると生産性が上がり，投資が進み，競争力がつく。そうするとハード，ソフトが揃ってくるので，今のうちに早くこれを平準化して，競争力につなげる必要がある。

（5）地方こそシェアリングエコノミー

地方こそシェアリングエコノミーが重要になる。シェアリングエコノミーというのは，ウーバーイーツやウーバータクシーのような，余っているもの，また時間を必要な人に分け与えることによる経済活動であり，これはITテクノロジーの進化で世界で劇的に伸びている。観光業への参入は最近だが，ホテル，モーテル，ヴィラ，ロッジ，様々なタイプの観光の宿泊施設があり，そこに新しく民泊が入ってきた。これがシェアリングエコノミーである。民泊は，一般の家に泊まれるというものだが，そこに各プラットフォームも世界中で参入してきており，急成長している。有名なところではAirbnbで，利用宿泊者数を劇的に伸ばしている。

なぜ，Airbnbを日本の地方や自治体が反対するのか。観光のプレーヤーというのは多くいて，観光産業が伸びてくると，地方の様々な業界にとってプラスに働くはずだが，宿泊産業は観光団体やホテル協会，観光協会，温泉組合を中心に構成されている。Airbnbが入って民泊が許可されてくると，ダメージを受けるのは宿泊産業であり，宿泊産業の経営者は反対することが少なくない。それは自分の事業へネガティブな影響があるという考えがあるからである。

日本の場合，あるものをなくすというと反対する人がいるが，あるとメリットがあるものに積極的に賛成する人は少ない。ガイド，外食産業，交通業界などはシェアリングエコノミーを積極的にとり入れていくべきだと地方で主張している人はあまり多くない。そういう事情で，民泊は抵抗感があるものとして受けとめられている。

ただ，日本の地方での経済効果は大きいと予想されており，試算も出ている。なぜかというと，民泊は世界のスタンダードカテゴリーになりつつあるからだ。ホテル，ペンション，民宿，オーベルジュがあっても，民泊がないと，重要なカテゴリーが一個欠けているような状態に世界の中では見え始めている。

民泊がない日本に対して，民泊がある観光大国が出てくると，日本の観光産業の長期的な競争力に悪影響を与える可能性がある。民泊が世界のスタンダードになり，急成長するには理由があり，マーケットが支持しているのだから，早めにこのパワーを取り込んでいくことが大事である。

例えば，軽井沢に民泊を入れるとどうなるだろうか。軽井沢町は１万5,000戸別荘があり，その別荘を建てるときに民泊のことを考えてオーナーが建てるようになる。１万5,000戸の別荘オーナーが別荘を使っている日数を見ると，平均で年間２週間も使っていない。買った年は１か月ぐらい使い，２年目は３週間ぐらい使い，３年目以降は２週間以下になる。これが別荘購入者の典型的な別荘の使い方になる。

そう考えると，年間365日のうち自分では２週間しか使わないが，残りの350日ぐらいを人に貸せるとなっていったときには，貸すことを想定した良い別荘が建つ。良い別荘が建つということは固定資産税が上がる。それだけではなく，様々な人が民泊を使い，365日のうち別荘が180日稼働したとすると，軽井沢の外食産業が潤う。または，タクシーや交通機関，そして水や電気を使う。地元の自然のガイドやゴルフ場，工芸品を作っている作家も商品を買っていただける対象者が増える。民泊は皆にとってプラスになるはずだが，なかなか認められず，いまだに365日のうちの300日以上使われない別荘が存在し，そこに固定資産税を払っている。

また，民泊に反対する理由として，騒がしいなどモラルに欠けた利用客が来るのではないかという懸念が挙げられるが，民泊は，宿泊業界の中で初めて宿泊施設側が利用客を評価するということがプラットフォームの中に入っている。あのゲストはどうだったのかということが評価され，マイナスに働くと，その人は次の民泊の予約がしにくくなる。オーナー側に利用客を選ぶ権利があり，宿泊のリクエストを受けとるが，泊まらせる義務はない。たとえばある顧客が以前10軒ほど泊まっていて，そのオーナー達が皆その利用客に低い評価をつけている場合宿泊を断ることができる。そこは劇的にITテクノロジーが宿泊業界を変えようとしているところで，ホテルは顧客がホテルを評価したり，星をつけたりということに一生懸命対応しているが，ホテルが顧客を評価したことはない。したがって，皆が心配しているほど民泊の利用客を警戒する必要はないのではないかと考えている。

ライドシェアについても同じように運転手が利用客を評価できる仕組みがある。また，日本では，例えば長野県の軽井沢駅や長野駅といった新幹線がとまる駅にはタクシーが待機しているが，地方の駅の大半はローカル線で，タクシーは待っていない。例えば磐梯町駅で会津若松からタクシーを呼ぶと40分かかるので，宿泊施設までタクシーに乗って20分でも，20分先に行くのに40分待たなければいけない。シェアリングによる配車も，大都市ではなく，地方の駅，それも新幹線がとまらない，タクシーが待っていない駅に限定して入れることはできないのだろうか。

そういった駅の周りには，実は車はたくさんあり，農業用の軽トラックがある。こういった方々が，例えば外国人の若い方々にサービスを提供すると，その人にとっては副収入になる。地方での新しい経済活動につながるのではないかと考える。

観光立国を実現していくには，本節で挙げた５つのポイントに向かってしっかりやっていくということは重要である。これをやっていくことにより，必ず日本の地方の人口減少の歯止めになり，または都会にいる若い方々に，もっと地方で雇用の機会を創出することにつながるのではないだろうか。

3　その他

（1）宿泊費等に関するプライスメカニズムによる調整

宿泊費等についてはプライスメカニズムにより，価格差は相当ついているが，それでも調整し切れていないというのが現状である。日本人の年間の休日数は既に多く，休める日と休めない日が明確になっている。祝日が多過ぎるというのが日本の特徴で，祝日に無理やり休まされているので，ほかの日に自由に休みが取りづらくなっている。ゴールデンウィークをずらして５月の中旬に休もう，例えばバケーションで家族旅行をしようと思っても，ゴールデンウィークに休みを取っているため，５月中旬には休みが取りづらいという状況がある。本当は海外のように祝日は祝日として記念日があったとしても，別に会社や役所を休みにする必要はないという議論もあり，祝日を減らせないだろうかという議論もある。ただ，これは法改正が難しく，結果，もう今あるゴールデンウィークを含めた祝日自体をずらして取るという策がいいのではないかという話になった。

日本で有休が取れていない理由も，観光業側から見ると，会社で有休を取りづらいというよりも，もう十分休んでいるから，これ以上取ると仕事をする時間がないというぐらいになってきていると感じている。

（2）DMO（観光地域づくり法人）の活用による広域連携

観光協会や温泉組合が県単位になっているので，県単位で県の観光予算があり，観光協会，温泉組合に補助金を出しているので，どうしても自分の県以外との連携が難しい。

それに代わるものとして，導入されたのがDMO（Destination Marketing Organization，観光地域づくり法人）である。DMOをつくり，そこに人材を含めて権限を集中させる，フリーハンドでやらせる。これだけで大きく変わる。海外のDMOはそこにプロの人たちを雇うという点では日本の状況とは大きく異なる。DMOのトップに権限と責任を持たせ，成果を出さなければ責任者交代となってくると，集客のために，周りの県との協力を模策するインセンティブが働くようになる。

（3）観光地の競争の在り方

例えば日本の観光地が民泊に反対する理由は，民泊の悪い事例がこの町で起こると大変だと，始めてもいないのにこういうことがあるかもしれない，というものが多い。

ただ，長期的に見れば，民泊というのは観光地としての世界での競争力維持には不可欠になり，スタンダードになってくる。結果的には民泊事業が進み，投資が入った地域の別荘は価値が上がってくる。民泊に貸せる仕様にしようということで，建て替えるときには例えばスリーベッドルームにしたり，貸すときに貸しやすい，きれいな，良いインテリアにしようとなってくる。すると，工務店も売り上げが伸び，固定資産税は上がり，見栄えのよい別荘が並んでいる姿は軽井沢のような別荘地に見えてくる。ブランディングの観点からも大事になってくることがわかるだろう。

実は，ニセコは，日本人しか国内のスキー場に行かなかったときには現在のような認知度のあるスキー場というわけではなく，苗場や志賀高原のほうが有名だった。ところが，世界の人が日本に来るインバウンド時代になって，東京からの利便性よりも，世界の人がどこの飛行場に飛んでくるかという利便性が問われてくると，ニセコが急上昇した。

50年単位で見ると，軽井沢に代わるアジアの別荘地というのがどこかに出てくるのではないか。そこは恐らく自然が豊か，都市機能も確立されていて，美味しいレストランも沢山あって，なおかつ空港からのアクセスも良く，ウーバーでタクシーに乗れ，民泊も充実している。そういう新しい競争環境になるのだということを感じられるかどうかという点について変化を怖がるのか，または新しい時代にビジョンに向かって自分たちが自ら変わっていくのだと意思決定できるかの差につながるのではないかと考えている。

（4）旅館業の競争力

星野リゾートにとって，旅館業の競争力は何かというと，従来の業界が，年間の休日100日の黒字と265日の赤字という構造的な問題を抱えている一方で，365日を黒字にする方法を開発したということである。それは実はマルチタスクというやり方にある。マルチタスクというのは，全てのスタッフが全ての業務を担えるようにすることで，スタッフ一人ひとりの手待ち時間をなくすことができる。

温泉旅館の場合，顧客がある程度規則正しく動くため都市ホテルに比べて顧客の動きが読みやすい。朝食もほぼ同じ時間帯に取り，チェックアウトも同じ時間帯だ。それに対して，温泉旅館は顧客の動きに合わせて，全てのタスクをこなせるスタッフを揃えることが重要になる。朝6時に出勤してきたスタッフは，まず厨房で朝食の準備に入り，朝食を提供した後，チェックアウト対応をし，その後，部屋の清掃をして退勤する。朝6時に来た社員は午後3時まで絶え間なく仕事があり，そして残業ゼロで帰れるというモデルができ上がる。厨房の調理のタスクも含めて全員が同じスキルを習得する。概念的には実は非常に難しいが，それが実現できるとその温泉旅館は非常に生産性の高い施設になる。

マルチタスクは，理にかなった生産性の上げ方だが，なぜ伝統的な宿泊施設がマルチタスクに踏み出しづらいのかというと，ホテルの業界では役割分担を固定しているからである。例えば，調理人に部屋を掃除してくれと言うと専門外であるから嫌がることが多い。また他の場面では客室清掃を担う人にチェックイン，チェックアウトをお願いすると良しとしないなど，それぞれが他のタスクを担うことに難色を示すことが多く，これまでタスクが固定されていた組織をマルチタスク化するというのは非常に難しいことである。

そういうときには，マルチタスクへの理解があるスタッフをその組織に過半数送り込まない限り，マルチタスクは進まない。スキルを教えるより大変なのが，文化的抵抗を超えることである。フロントで誇りをもってホテルマンとして仕事をしている人，あるいは調理師学校を出て調理畑で仕事をしていた人たちにとって，明日からは部屋清掃をしてくださいというのは少なくない抵抗感があり，それを組織としてどう乗り越えるかが一番難しい。しかし，マルチタスク化が進むと，実はサービスにはプラスに働く。スキルが分散するのではないかと思うが，スキルがマルチタスクを身につけるプロセスでサービス品質が向上する。マルチタスクをこなすことで様々な気づきや提案が生まれ，部門を超えた議論が起こることは社員にもプラスになる。

競争力のある観光産業に向けて，さまざまな発想の転換が必要といえるだろう。

参考文献――――――――――――――

「住民基本台帳に基づく人口，人口動態及び世帯数（2020年１月１日現在）」（総務省）

「この３年で「人口を増やした」自治体ランキング」『東洋経済ONLINE』
http://toyokeizai.net/articles/-/288871

島村知亨

第10章

人口減少社会での食料・農業・農村のあり方

1　人口減少・少子高齢社会の食料・農業・農村への影響

（1）日本の農業生産の歴史的動向

日本では，弥生時代の稲作の登場以来，二千年以上の永きにわたり，人間の生存にとって不可欠な食料生産の基盤である農地と水を連綿と整備してきた。特に，江戸時代の新田開発，明治時代の近代的土地改良制度の確立の中で，人口増加に合わせて，農地面積も大きく増加してきた。また，水田に農業用水を利用するための水路も整備され，現在では，地球10周分とも推計される農業用水路が整備されている。

図表10-1 日本の人口と耕地面積の推移

時代	西暦	食料生産における主な出来事	推計人口（概数）（A）	推計耕地面積（概数）（B）	農地に対する人口の比率（A/B）単位：人/ha
弥生時代中期		●稲作の登場 ・弥生時代中期に東北地方まで北進	不明	不明	不明
平安時代	1000年頃	●国家による農地・水利の強力な整備拡充 ・当時の都市等でも，条里制は今も残る	1,500～2,000万人	約100万ha	15～20
江戸時代	1600年以降	●近世の用排水システムの確立 ・関東平野の大開発など	3,000万人程度	約300万ha	10
明治末期～昭和初期	1900年代前半	●近代的土地改良制度の確立 ・地域農業の振興に大きく寄与	4,000～6,000万人	約600万ha	6.7～10
現代	2020年	●人口，農地ともに減少傾向 ・農地の都市開発等が進展	12,500万人	約440万ha	28.4

出所）農林水産省農村振興局「我が国の農地と水」（2010）を基に筆者が抜粋・加工。

農地と水利施設が概成した現在，産業構造の変化の中で，農地（耕地）面積は減少し，人口も減少局面にあるが，**図表10-1**のとおり，人口に対する農地面積の比率の水準，すなわち，一定の耕地に対し，どの程度の人口が存在するかを推計すると，引き続き高い水準が続くことが想定される。

具体的には，今後の趨勢で見込まれる農地面積が400万ha程度となることを前提に，この耕地面積で食料を自給してきた時期は，人口約3,000万人～4,000万人の明治時代であり，現在の人口水準（約1.25億人）を勘案すると，今後，人口減少社会の進展が進む中でも，日本の食料安全保障等の観点から，引き続き，食料の供給はもとより，その前提となる農業・農村の維持・発展を図る取組は今後も必要不可欠と考えられる。

（2）人口減少・少子高齢化社会が与える影響

人口減少・少子高齢化は，食料供給に関し，

・生産者の減少・高齢化による生産能力の減少（農業生産面の影響）
・消費者の減少・高齢化による市場の縮小と変質（食料消費面の影響）
・生活者の減少・高齢化における農村の生産基盤（農地・農業用水等）や生活環境の維持能力の減少（農村生活面の影響）

の3つの局面で大きな影響を与える。

その中でも，現在の日本では，食に不可欠な農業用施設の管理等が地域ベースで行われ，農村集落の共同活動が地域の活力源となっている実態がある。特に，人口減少による集落における過疎化の進展は，空き家の増加，耕作放棄地の増加等，地域の様々な課題を浮き彫りにしており，その影響が最も深刻に出る農村地域の活性化は，農業，食品産業等を中心とした産業活性化の切り口とも一体化し，国民全体の食料の安定供給と切り離せない極めて重要な課題と考える。

また，上記の3つの局面からの影響は，例えば，農村で生産基盤が老朽化し，耕作放棄が増加すれば，農業生産力が減少するなど，相互に関連することから，本章では，全体像及びそれぞれの視点からの現状を俯瞰しつつ，それぞれの視点からの考察を行うことで，その問題点を明確化し，今後の対応に向けた展望を検討する一助とすることを試みている。

一方，世界全体では，急激な人口増加の局面にあり，今後，食料の安定供給の確保，経済力の維持・発展には，拡大する海外市場への対応が一層重要となることから，海外市場に係る将来的な展望についても考察する。

2　我が国の食料・農業・農村の状況

1970年代以降，日本では，食料は供給過剰な水準であり，少しの需給変化で相場は変動している。農業生産には，多くの場合，種子の手配をしてから収穫まで相当の期間を要し，その間に気象変化や病虫害等の不可避な影響もあり，

生産継続や成果の獲得には，相当のリスクが存在するという他産業にはない特徴を有している。特に，輪作体系では，経営評価に長期間を要する。

一方で，経済の国際化が進展する中，輸入による対応の幅が拡大していることから，不作時にも国産品の価格が上がらない場合もあり，生産基盤の維持には，外部の不確実な要素の影響を強く受ける状況（天候リスク，相場リスク，為替リスク）がある。

（1）食料安全保障の考え方

こうした中で，食料生産に関する基本的な考え方を定めている食料・農業・農村基本法（平成11年法律第106号）に即して，様々な法制度等が整備され，食料安全保障の確立と不測時の対応が図られている。

具体的には，「食料安全保障の確立に向けた取組」として，国内農業の振興や国産農産物の消費拡大等による国内の農業生産の増大を基本に，輸入穀物等の安定供給の確保，備蓄の推進を組み合わせることとしている。

併せて，「不測時に備えた食料安全保障」として，リスクを洗い出し，そのリスクごとの影響度合，発生頻度，対応の必要性等の定期的な検証，食品産業事業者等の事業継続計画（BCP）の策定等を進めている。

（2）食料供給に関するグローバルなリスクの顕在化

世界の食料生産は増加傾向で推移してきたものの，世界の人口増加や経済発展に伴う食料需要の増加，気候変動に伴う生産減少，家畜疾病・植物病害虫の発生や，新型コロナウイルス感染症の発生による輸入の一時的な停滞など，我が国の食料の安定供給に影響を及ぼす可能性のある要因（リスク）が顕在化している。また，直近の新型コロナの感染拡大やロシアのウクライナ侵攻等による物流の問題が顕在化する中，食料の相当部分を海外に依存する日本では，食料安全保障の重要性が高まっている。

特に，農林水産省の2050年の食料需給の見通しでは，世界の人口は，開発途上国を中心に，2050年には，2010年の約1.3倍の86億人に達すると予測され，この人口を養うためには，2010年の約1.7倍の約58億トンの食料が必要となり，その増加は一層加速する見通しである。このような人口増加等に伴う穀物消費量の増加に対して，生産量の増加は，これまで農地面積当たり収穫量の向上により支えられてきたが，近年，その伸び率は鈍化しており，また，世界全体の収穫面積は，近年，ほぼ横ばいの水準となっている。

こうした中で，世界全体の食料需給については，日本の主要農作物の輸入先である北米，中南米，オセアニア，欧州では，経済発展に伴う農業投資の増加により生産量，純輸出量が更に増加する見通しとなっている。一方で，アフリカ，中東では，経済発展に伴う農業投資の増大により主要作物の生産量は増加するものの，人口増加等により需要量の増加が生産量の増加を上回り，純輸入量が大幅に増加する。また，アジアでは米の生産量，輸出量は増加するが，食生活の多様化等に伴い，小麦，大豆の需要量が増大し，日本の輸入量が増加する見通しとなっている。

また，気候変動の影響については，今世紀末の試算では，年平均気温は，20世紀末と比較し，全国で平均1.1～4.4℃上昇すると予測され。特に，北日本の上昇幅が大きくなる見通しとなっている。また，日最高気温の年平均値は，全国で平均1.1～4.3℃上昇すると予測されている。このほか，降雨・降雪等にも変化がみられ，農業生産環境の変化が想定される。

（3）海外の農産物市場の見通し

人口増大や経済発展等により，世界の農産物市場は，前述の人口見通しによれば，2001年の4,100億ドルから，2018年の１兆4,500億ドルと約3.5倍に拡大し，今後も一層の拡大が想定されている。その中で，農林水産省の推計では，日本の輸出額も同期間で約1.9倍に拡大したが，海外諸国と比較すれば，高い水準ではなく，更なる拡大が期待されている。

また，食料システム全体では，約1,000兆円の価値を生んでいるが，食品ロス等の環境・経済面のロスや，肥満・栄養不足等の健康のコスト等により，経済的にはマイナス200兆円の収支となっているとの国際的な団体による試算もあり，従前のような収穫面積の増加が困難となる中，持続可能性の向上と併せ，新たな食料生産技術である「フードテック」への投資が海外で進展しているが，日本での投資額は，米国の10分の１以下と，低い水準となっている。

（4）国内の農業・農村等の動向

一方で，国内の農業人口については，農業就業人口は，2019年までの最近20年で，385万人から168万人に減少（6割弱の減少）しており，その中で，いわゆる「専業農家」のイメージである基幹的農業従事者[1]も，この期間でおよそ4割減少している。また，個人経営体の基幹的農業従事者のうち65歳以上が占める割合は，2020年には69.6％となり，5年前に比べ4.7ポイント上昇した。農林水産政策研究所によれば，今後，農村地域における人口減少の傾向は継続し，特に，山間地域，中間地域，平地地域の順でその度合いは大きいとの予測がされており，特に，山間地域では，2015年から2045年までの30年間で，約46％にまで減少すると予測されている。

このほか，農地面積は，農林水産省の調査では，1961年の609万haをピークに減少し，2020年で437万haとなっており，また，耕作放棄地[2]（主観ベース）の面積は，年々増加傾向にあり，25年間でほぼ倍増し，2015年には42万haとなっているなど，人口減少・少子高齢化の進展は農村部で顕著な影響があり，農業生産を継続する条件の悪化が懸念される。

次に，食料産業全体を経済的な視点から展望すると，農林水産省等の統計では，経済規模については，2020年の農業・食料関連産業の国内総生産額は，109.0兆円で，全経済活動（982兆円）の11.1％を占めている。このうち，一次生産の規模は12.4兆円で，加工・流通・消費の過程で付加価値が生じており，経済面からの食料産業の維持・発展には，フードバリューチェーン全体でのアプローチが重要となっている。なお，農林漁業，食品産業ともに，国内生産額に比して，就業者数が多く，海外でも，今後の気候変動対応での「公正な移行」に向けた雇用創出の面からも重要な産業分野と考えられている。

（5）今後の食料・農業・農村の視点での対応

こうした食料供給のリスクを把握しつつ，今後，農業・農村ではどのような対応を取ることが重要か，全体像を概観したい。

農業については，例えば，4輪作の経営評価には，4年間を要し，経営判断に長期間を要する特性がある中，国内生産の強化には，顕在化している生産環境の変化や労働力の減少に対し，先端技術を活用しながら，農業技術，農地・農業用水・資材（種子，肥料，農薬等）等の生産要素をより発達・改善させる対応が不可欠となっている。また，農村については，農村部からの人材，資金等の流出を防ぎ，より地域経済を活性化する方策が重要となる。

特に，高品質な地域食材等は，都市部等で流通・加工・消費を行うことで大きな付加価値を生んできたが，国内有数の農産物産地でも，地元で農産物が消費される割合は低く，また，食品生産における付加価値の多くは都市部に帰属し，原料に比較して高価な加工食品を都市部から購入するため，食品消費全体の収支はマイナスとなっている中で，これを地域で循環的に帰属させる工夫は，地域創生に向けて重要な視点である。

その際，農村地域では，出生率が都市部より高く，子育てに適し得る要素がある等[3]，農村部の持つ魅力がより理解され，都市部からの人材確保を図っていくことが重要となっている。さらに，急成長する海外市場を念頭に置き，経済的なニーズが拡大している分野の取組が重要となっている。

3　食料・農業・農村の観点からの考察

（1）食料の安定供給の観点

食料生産の近年の環境変化に即し，食料を安定的に供給するには，消費サイドの動向も重要である。例えば，昭和40年度と平成30年度では，物流環境の変化等も影響し，日本人の食生活の洋風化が大きく進んでいる。栄養バランスの良い「日本型食生活」[4]を重視しつつ，国民一人ひとりの食事へのニーズが多様化・高度化する中で，その消費動向を的確に把握し，これに即した政策面の対応が重要となっている。

特に，食料自給率，食料自給力が低下傾向にある中で，食生活の変化に伴い，ニーズが拡大している食品の国内供給に遅れがみられる。今後は，健康，環境など，人口減少・少子高齢化により，消費者の関心が高まることが想定される要素に対応し，消費者のニーズを見通し，付加価値のある食品を供給していくことが不可欠となっている。

（2）農業の成長産業化の観点

戦後農政では，米生産が最大の課題であり，食管制度（～1995年）の下，現在と比較しても高い水準の米価を維持していた。現状でも，販売農家[5]のうち，約８割が何らかの形で米を作付けするなど，多くの販売農家が米を生産している中，米の年間一人当たりの消費量は大きく減少傾向にあり，コロナ下で減少幅は拡大傾向にある。

こうした中で，米生産の歴史的な経緯を踏まえつつ，今後の農業生産構造をいかに消費者のニーズに即したものとしていくかが課題であり，農地の集積に加え，輸出の促進，米から他の作物への転換，スマート農業の実装，環境と調和のとれた生産など，成長産業化に向けた取組に一層注力することが重要である。

今後，人口減少により，国内市場が縮小し，農村の機能維持が困難となる中で，特に，経済面，社会面，環境面で農業をより持続可能なものとしていくことが成長産業化には重要な要素であり，

・農業と先端技術を組み合わせることで，作業の効率化や農作業のデータ把握等を図る「スマート農業」を推進し，その成果を活かして，地域発のイノベーションの創出や地方創生に結び付ける取組
・「人・農地プラン」により，地域の話合いに基づき，地域農業の中心となる経営体（中心経営体）や将来の農地の出し手の状況等を明確化することで，資源を最大限に活用する取組
・農業生産基盤の整備に当たっても，農地整備事業に際し，６次産業化や高齢者を含む「農福連携」[6]との相乗効果の発揮や，農業水利事業において，小水力発電等による脱炭素化の取組

等を進めており，人口減少社会下でこそ，地域ベースでの創造的な挑戦を一層後押ししていくことが必要となっている。

こうした取組で大規模化等を進めていく農業生産者は，効率化により収益性を上げていくことが可能となる一方で，農業者の減少は，高齢農業者からの事業承継等の局面で，若年層を含む新規参入の拡大の機会となる面もあり，例え

ば，岐阜県白川町の「ゆうきハートネット」のように，有機農業を軸に，都市部等の若い就農希望者が多数移住する例もみられる。

他方，新規参入の局面では，不整形，悪土質など，生産条件が悪い農地等から荒廃し，利用者が求められることが想定され，新規参入者等がこうした条件の悪い農地で直ちに競争力を発揮することは困難であることから，こうした新規参入者に対する税制や事業面のインセンティブ等のあり方も含め，政策的対応を強化していくことが重要と考えられる。

（3）農村の活性化・振興の観点

①　人口減少社会の農村部への影響

今後，人口規模が小さい市区町村ほど人口減少率が高い傾向があり，特に，人口が１万人未満の市区町村に居住する人口は，2050年までに半減する可能性がある。こうした過疎地域集落では，空き家の増加，耕作放棄地の増大，働き口の減少等の問題が深刻化しており，また，農業者を支援する地方公共団体の農業関係職員やJAの出先機関数も大きく減少している。

一方で，地方への移住を考える人々が近年増加している。特に20代から40代の若年層が占める割合は，NPO法人による調査によれば，2008年の約３割から，2017年の約７割へと大きく増加している。また，内閣府の調査では，定住先での過ごし方について，「農林漁業（趣味として）」が34.8％，「農林漁業（主な所得源として）」が29.8％と，何らかの形で農と関わりたいと考えている者が多くなっている。

また，定住以外にも，農林漁業への関心は高く，観光業界でも，例えば，栃木県那須郡の「リゾナーレ那須」による家族での体験型農業と宿泊を一体化させた「アグリキャンプ」など，専業ではない形でも，都市住民などによる農作業のニーズに応える取組が広がっている。

②　農村地域の創生の取組

農村地域の人口が減少し，農村の人々を支援する体制が脆弱化している一方，地域づくり人材の育成，いわゆる「半農半Ｘ」という農村らしい暮らしの再評価や，様々な地域資源を発掘し，磨き上げ，他の分野と組み合わせて，新たな価値を創造する農村発イノベーションの創出等の様々な取組が生まれている。こうした活動を支援するため，例えば，農林水産省では，地域づくりのコーディネーターの研修を行い，地域ごとに「解法」を模索する人材を育成するほか，こうした人材が全国規模で悩みや情報を共有し，連携して活動できる環境を整備するネットワークを構築している。

また，農業の担い手への農地の集積・集約化，新規就農の促進などの政策努力を払ってもなお維持が困難な農地については，放牧等の粗放的な利用や，鳥獣緩衝帯としての利用，計画的な林地化など，人口減少社会に対応した保全型の土地利用を計画・実施する仕組みも重要となっている。

一方で，**図表10-2**のとおり，農村地域では，100歳近い高齢者や，企業定年退職後の参入者でありながら，農業活動に参画し，地域のまとめ役として活躍するなど，驚くほど元気な高齢者（スーパー高齢者）がいることが多く，農作業が，健康面でプラスの効果を発揮しているとの示唆がある。

図表10-2 元気なシニア農業者への聞き取り調査のポイント

出所）東海農政局委託調査（実施者OKB総研）実施年度：2020年（令和２年）

また，JA厚生連・足助病院と愛知県豊田市，名古屋大学が連携し，中山間地の高齢者の移動手段を提供しつつ，デジタル技術を活用したみまもりサービスを提供する「たすけあいプロジェクト」など，JA系統の団体が，最新技術を地域医療・福祉に活用し，成果を上げている例もみられる。

今後の高齢化に対し，社会保障におけるデジタル技術の活用と併せ，こうした地域の農村社会で活躍する高齢者の背景や特性を調査することで，社会保障費を低減させ，新たな地域共生社会の構築やデジタル田園都市構想の実現に有効な示唆が得られると考える。

4　海外市場への展望について

現在，欧米を始めとした各国で，新型コロナの感染拡大等も勘案し，産業創出の観点も踏まえ，フードバリューチェーン全体を視野に入れた「持続可能な食料システム」構築の動きがみられる。その中でも，特にEUでは，官民が一体となった取組として，農業を含めて，ESG投資に関するルール策定を進め，金融市場参加者全体をサステナブル金融へと向けていく動きを強めており，政府以外の資金を確保していく上でも，こうした海外の動向に即した対応を図っていくことが重要となっている。

日本でも，拡大する海外市場への進出に向け，産地形成の視点を重視した「農林水産物・食品の輸出拡大実行戦略」や食料産業の競争力強化と持続性向上を科学技術の活用により両立する「みどりの食料システム戦略」を策定し，中長期的な展望の下，計画的に対応を推進してきている。

2021年（令和３年）には，「国連食料システムサミット」（９月）や「東京栄養サミット」（12月）という食に関するハイレベル会議が連続して開催され，持続可能な形で食料の安定供給を進めることは，国際的にも極めて重要な地球規模課題と認識されている。その中でも，日本では，例えば，日本の食産業の強みを活かし，産官学が連携したアグリテック，フードテックのスタートアップ育成など，海外市場を見据えた成長戦略が重要となっていくと考える。

注

1　自営農業に主として従事した世帯員（農業就業人口）のうち，ふだんの主な状態が「主に仕事（農業）」である者をいう。
2　以前耕作していた土地で，過去１年以上作物を作付けせず，この数年の間に再び作付けする意思のない土地をいう。
3　例えば，足立・中里（2017）「日本経済研究」において，１次産業就業者比率が出生率にプラスに有意となっている。
4　昭和50年代ごろのごはんを主食としながら，主菜・副菜に加え，適度に牛乳・乳製品や果物が加わった，バランスのとれた食事をいう。
5　経営耕地面積が30a以上又は農産物販売金額が50万円以上の農家をいう。
6　障害者や高齢者等が農業分野で活躍することを通じ，自信や生きがいを持って社会参画を実現していく取組をいう。

参考文献

足立泰美・中里透（2017）「出生率の決定要因 －都道府県別データによる分析」日本経済研究 No.75
荒井聡・西尾勝治・吉野隆子（2021）「有機農業でつながり，地域に寄り添って暮らす」岐阜県白川町　ゆうきハートネットの歩み　筑波書房
NPO法人ふるさと回帰支援センター（2021）「地方移住に関する調査結果」
田中宏隆ほか著，外村仁監修（2020）『フードテック革命 世界700兆円の新産業「食」の進化と再定義』日経BP
内閣府（2014）「農山漁村に関する世論調査」
農林水産省（2017）「荒廃農地の発生・解消状況に関する調査要領」
農林水産省（2019）「2050年における世界の食料需給見通し」
農林水産省（2020）「農林業センサス」
農林水産省（2022）「令和２年農業・食料関連産業の経済計算（概算）」
農林水産省東海農政局（2020）「令和元年度　東海地域・農福連携のモデル地区における農業・福祉面の効果測定」（OKB総研委託調査）
農林水産政策研究所（2019）「農村地域人口と農業集落の将来予測」
松尾雅彦（2014）「スマート・テロワール―農村消滅論からの大転換」学芸出版社
The Food and Land Use Coalition「Growing Better Report 2019」（2020）（著作権　株式会社シグマクシス）

（付記）本章の記述のうち，見解に係る内容については，筆者個人のもので，筆者の所属組織の公式見解ではありません。

牧原　出

第11章

人口減としての「2040年問題」と地方自治体のあり方

1　「2040年問題」の浮上

地方制度の改革は，1990年代以来地方分権改革を基軸に進められてきた。1999年の第一次地方分権一括法の成立を機に，国と地方の関係が対等であることが法律上明記され，国の事務と地方の事務とを明確に区別し直し，国の地方への関与を縮小する方針が制度の基調となっている。これに付随して，地方自治体の行政改革，地方議会の活性化，自治基本条例の制定などの自治の拡充が進められた。

ところが，新型コロナウイルス感染症がグローバル・パンデミックとなり，それも３年を超える長期化の様相を見せる中で，従来の改革方針への疑問が広がっている。国の役割を再度見直した上で，危機における国と地方の関係を整理し直すべきではないかとの意見が出されている。もちろん一足飛びに国への集権化を進めることで問題が解決するわけではないとしても，少なくとも地方分権改革を再定義する必要が出ている。それはまた地方分権改革が掲げた「分権型社会」を再構築する必要があるとも言える。

こうした変化の転機となったのは，新型コロナウイルス感染症の登場前の2017年である。このときに，人口減というもっとも確実に未来を見透せる指標を通じて，地方分権改革を再構築する方向が，総務省の研究会「自治体戦略2040構想研究会（以下「2040構想研究会」）」で示された。あわせて高齢者人口が全国レベルでピークに達すると予想された2040年の地域社会を予測しながら，現在の施策を考えるべきという改革方針が出された。これが「2040年問題」である。現在では，地方自治の教科書でも，「地方自治の歴史」と銘打った章の中で紹介されるなど，近年の特筆すべき動きと広く受け止められるようになっている（林 2020 p.126）。

人口減，感染症，地震・火山噴火，そして気候変動に伴う暴風雨といった21世紀になって日本だけではなく世界が直面する課題に対して，地方自治はどう答えられるのだろうか。中央地方関係の再編，自治体の制度のあり方，国の関与の可能性と限界，そして市民の能動的な参加がますます問われている。本章では，そのような問題の表れとして，「2040年問題」を捉えていきたい。なお，筆者はこの研究会の座長代理を務め，座長の清家篤氏とともに議論を見渡してきた。また第32次地方制度調査会の委員を務め，議論に参画した。本章はそのような経験に基づいている。

2 「2040年問題」の検討過程

（1）始まりとしての自治体戦略2040構想研究会

「2040年問題」が政策のアジェンダとなったのは，2017年から18年にかけて開催された総務省の研究会「2040構想研究会」がきっかけである。そこでの問題意識は，さらに2018年に設置された第32次地方制度調査会へ引き継がれて議論され，2020年の最終報告で具体的な提言へと結実した。一連の流れにもとづき，様々な自治体で，将来の人口減に向けて取り組むべき課題を検討するという機運も生じている。

この「2040年問題」は，2040年という高齢化のピークにおいて何が課題となるのかをまず予測し，そのために現在何を準備すべきかを問うものである。これは，未来の課題を抽出して，現在に投影するという「バックキャスティング」の手法をとった。なお，2040年とは，全国レベルのデータから得られる年であり，すでに過疎化が進んでいる地域ではこれより早くピークが到来し，また大都市部の中には2050年前後にピークを予測する地域もある。

この手法の第1の意味は，地方創生事業が掲げた人口減対策としての人口増という目標を和らげ，人口減を受け入れた上で現在対処可能なものへの取組を早急に進めるという点にあった。人口増というバラ色の未来があるわけではなく，国全体の人口が減る中で過度な人口増の目標を各自治体が掲げると，社会保障の手当を充実させて流入人口を増やすことが当座の目標となり，結局は人の奪い合いになってしまう。ここでは，より現実に即した政策を構想するという選択へと絞り込んだのである。

第2の意味は，地方分権改革という改革の方向性とは異なり，人口減という危機的状況の中で地域事情に応じて具体的な施策を打ち出して対応し，それに必要な制度改革を考えるという方向性を新しく提示した点にある。制度から政策へ一度焦点を移し替え，その上で必要な制度改革を視野に入れようという方向性が登場した。

第3の意味は，内政全般を広く視野に入れることである。2040構想研究会では，関係する省の官僚もオブザーバーとして参加しており，研究会とは別にオブザーバー間で「ディスカッション・フォーラム」という意見交換の場が用意されていた。こうして，狭い意味での総務省の管轄に限らずに検討することが仕組みとしても担保されていた。制度から政策に重点を移した以上，これは不可欠となる。2040構想研究会の第一次報告は「課題は内政全般にわたる。その改革を総合し，国内に行き渡らせるためには，各行政分野における取組と併せて，自治体行政のあり方の根本を見直す必要がある」と打ち出したのである。

各省の政策を広く見渡した上で，この研究会は，「３つの危機」とこれに対応するための「３つの対策」を掲げた。

「３つの危機」とは，①若者を吸収しながら老いていく東京圏と支え手を失う地方圏，②標準的な人生設計の消滅による雇用・教育の機能不全，③スポンジ化する都市と朽ち果てるインフラである。

そして「3つの対策」とは，①スマート自治体への転換，②公共私のベストミックスによるくらしの維持，③圏域マネジメントと二層制の柔軟化である。①のスマート自治体とは，その後は自治体DXと呼ばれるようになった。デジタル化によって，職員の負担を軽減するとともに，住民も容易に行政サーヴィスと接続できるようになることを目標とした。②の公共私のベストミックスとは，公としての自治体，共としての自治会やNPOなど様々な住民組織，私企業や市民としての私が，多様な連携の中で政策効果を上げようと図るものである。そして③の圏域マネジメントとは，市区町村が区域を越えて協力する枠組みを強化することで人口減に対処しようとするもので，定住自立圏や連携中枢都市圏など既存の制度による連携の強化を軸に制度改革を図ろうとした。

こうした施策による制度改革の理念を，第一次報告は，「プラットフォームとしての自治体」と，コンピューターOSの比喩を用いた「自治体行政（OS）の書き換え」と表現した。地方自治法を含めた法制度，政策のもろもろの制度には，政策分野を越えて共通するものであり，この共通制度をOSととらえ，医療，介護，インフラ，空間管理，個別の政策をアプリケーションにたとえた。人口減の過程で，人的資源が減る中で，OSを整備して，その上でアプリケーションとしての政策を作動させることが重要となるととらえたのである。

「医療，介護，インフラ，空間管理など，住民サービスの多くを支えるのは地方自治体である。2040 年頃にかけて迫り来る我が国の危機を乗り越えるべく，全ての府省が政策資源を最大限投入するに当たって，地方自治体も，持続可能な形で住民サービスを提供し続けられるようなプラットフォームであり続けなければならない」

「今後，本研究会において議論すべきは，新たな自治体と各府省の施策（アプリケーション）の機能が最大限発揮できるようにするための自治体行政（OS）の書き換えである。住民の福祉のため，自治体行政のあり方も，大胆な変革を構想する必要がある」

こうして地方制度をデジタル化の用語でとらえ直しつつ，その未来像を探求することが目指された。

（2）調査機関としての地方制度調査会

2040構想研究会の第一次・第二次の報告を受けて，すぐに第32次地方制度調査会が組織された。諮問事項は「人口減少が深刻化し高齢者人口がピークを迎える2040年頃から逆算し顕在化する諸課題に対応する観点から，圏域における地方公共団体の協力関係，公・共・私のベストミックスその他の必要な地方行政体制のあり方について，調査審議を求める」であり，2040構想研究会の検討がそのまま受け継がれた。

従来，地方制度調査会は，地方自治法を中心とする地方制度の法的側面について慎重審議し，法改正事項を中心に提言する審議会であったが，ここでは，内政全般の政策を検討し直すという野心的な諮問機関に変貌した。しかも，「調査会」という名の通り，いくつかの地方自治体の首長に出席を求めるヒアリングのみならず，「調査」機関として全国の地方自治体の取組と課題を委員が手分けして訪問調査し，新たに課題を抽出するという作業を行った。総務省の研究会ではそこまで広く自治体を巻き込んで調査することはなかなか難しいのが実状である。地方制度調査会という制度としてはより公式度の高い会議からの調査であればこそ，規模も全国的になり，訪問先の自治体からも協力を十全に得られた。

そこからは次のような発見が得られた。

第１に，医療従事者やインフラ整備の専門家などの専門人材が，人口減を迎えつつある自治体で不足している。これには都道府県による支援が不可欠だが，市区町村との距離が都道府県によって異なり，十分な支援が得られない地域が存在する。また，都道府県の事務と市町村の事務の相違により，都道府県職員が必ずしも市町村の事務への関心を持たず，人口減の危機に瀕する市町村との間で危機感を共有しにくい面もあった。

第２に，圏域連携は人口減の自治体にとって自己統治能力，いわば自治の基礎体力があった上で可能である。もしそれがなければ無策のまま，徐々に統治能力を失い，結果として他へ吸収されざるをえなくなる。とはいえ，基礎体力がある自治体は，必ずしも連携に積極的になるとは限らない。ここに圏域連携の大きな課題がある。当面域内がある程度は充実しているものの，圏域全体で将来に行政サービス提供に大きな欠損が生じるという予測があることが，現段階で連携が進む条件と言える。

第３に，人口が極限まで減少する町村については，その将来像を受け入れざるを得ない。最後まで残った住民が近隣に移住し，そこからもとの自治体の区域に通って里山などの維持管理を行うといったことも覚悟せざるを得ない。

第４に，若年層を吸収する大都市部からどれほど地方に移住する層を生み出せるかはやはり重要である。また実際の移住者とまではいかないとしても，関係人口を幅広く呼びこみ，地域に関心を持つ都市部の若者を増やすことがその基盤となる。

第５に，公共私のベストミックスの担い手は，地域の若年世代のローカル・リーダーである。ただ，本来の意味で地域を担うには，この若年世代のグループと地域の経済的リーダーや政治面でのリーダーの世代とが協力することが必要である。その場合には，壮年世代がうまく若年世代を支援できるように間を取り持つ人材が不可欠である。

こうした調査を経て，地方制度調査会は中間報告・最終報告をとりまとめた。まず中間報告にあるのは，様々な領域で「枠を越え」て連携を進めることが強調され，人口減の中では「一人複役」が求められた。また情報技術を活用して，地域単位で「地域の未来予測」を策定し，「資源制約」を十分意識した上で，未来像を構築し，現状打開の道を探ろうとした。そして最終報告は次のように提言した。第１には地方行政のデジタル化である。ここでは基幹情報システムの標準化が基軸となった。第２には，公共私の連携で，地域運営組織の強化が提案された。第３には圏域連携である。専門職員の共同化，圏域連携のための計画段階での協議の制度化などが提案された。

3　人口減のための地方自治の再構築

（1）投入資源の制約としての人口減

そもそも人口減は，先進国では日本に限らず進んでおり，出生率は世界的に低下しており，今やグローバルな課題となりつつあり，日本はその点で課題先進国と言える。

2040年問題は，これを投入資源の制約を基軸にしてとらえた。人口が減れば，税収も減って財政上の制約要因にもなる。そこで，さらに焦点を当てたのは自治体職員の制約である。2040構想研究会は，自治体職員が現在の半数になったとしても運営できる体制を構築すべきであると提案した。2040年には，18歳人口がピークの半数を割り込むため，以後新卒採用に支障をきたす状態が続くと想定されるからである。

新型コロナ対策での保健所の逼迫が典型的であるが，様々な現場で自治体職員を動員することが必要になり，その限界によって十分な行政サービスを提供できないことが明らかになっている。以前であれば，残業を続けて当座のがんばりで乗り切れるという雰囲気があったが，現在では際限のない行政への要求をどうさばくかが課題となりつつある。

理論的には，投入資源の限界すなわちマキシマムを考えて，政策を立案しなければならない。これまでは，政策アウトプットの底上げが重要だと考えられた。ナショナル・ミニマムはそのための政策公準であった。市民参加によって，自治体の状況に合わせて柔軟にこの水準を底上げしようとしたのが，政治学者松下圭一の唱えたシビル・ミニマム概念である。1960年代の高度経済成長のさなかで登場したこのシビル・ミニマムは当時としては，成長経済に対して硬直的な国の基準を改善するための強力な理論装置であった。

これに対して，今後は，政策インプットのマキシマムも同時に考えなければならない。自治体が従来通り投入できる資源は，シビルすなわち市民と，政府すなわちガバメントが対概念であることを想起すれば，「ガバメント・マキシマム」と言える。これに対して，公共私連携によって投入量の底上げを図れば，「シビル・マキシマム」というより大きな総量を動員できるはずである。また，圏域連携によって，近隣自治体・提携自治体間での協力という「ガバナンス」強化による相乗効果を狙うことで，より大きな資源を効率的に動員することも不可能ではない。つまりここでの投入限界は，「ガバナンス・マキシマム」と呼べる。人口減の中で，シビル・マキシマム，ガバナンス・マキシマムなど様々な形でマキシマムを増大させることで，現状維持かそれ以上の行政サービス供給が可能となる。

（2）デジタル化という技術革新を基軸に

こうした資源制約を打ち破るもう一つの鍵が，デジタル化という技術革新である。2040構想研究会では，スマート自治体，公共私のベストミックス，圏域連携の３つの提言を検討する際に，スマート自治体によって技術革新がある段階まで進んだときに，真の意味で公共私連携，圏域連携の条件が整うのではないかという展望が示された。たとえば情報システムを標準化することで，近隣の地方自治体間での連携は容易になる。また職員が高度化する情報システムに習熟すれば，既定の作業を早く終えて，対人業務などより自治に資する業務に多くの時間を割けるはずである。市民活動への参画や，他の自治体との連絡調整など，様々な連携業務に職員が意を払うことができる。

ただし，デジタル化が高度化すると，職員が一層デジタル化関連業務に埋没しかねないというリスクがある。またデジタル化の技術革新は果てしなく広がっていく。したがって，庁舎内で情報システムへの入力業務などに割り当てる時間を制限し，対人業務を一定時間確保するといった働き方改革をデジタル化と並行して続けることが必要になるであろう。

（3）圏域連携への慎重な対処と未来予測

そうしたデジタル化が促進するものに，地域の未来予測の策定がある。第32次地方制度調査会での審議が終了した後，総務省の「地域の未来予測に関する検討ワーキンググループ」が，標準的な予測の策定方法について検討を進めた。おおむね20年先を目指し，データに応じて15～30年の幅を持たせて予測を行うこと，資源制約を見据えた客観的な予測が必要であること，原則として市区町村を単位とし，広域連携を視野に入れている地域では市区町村を越えて策定することが望ましく，市区町村内の一部区域を単位とすることも重要であることがあげられている。対象としては，施設インフラの配置状況とその老朽化の度合いがまずはあげられ，子育て・教育，医療・介護，衛生，防災・消防，公共交通，空間管理について長期的な観点で推計することが目指されている。また，経済・財政，観光，環境など長期的推計が困難な分野についても「目指すべき未来像」として，未来予測とは別に目標として設定することも推奨された。

問題は，市区長村内の地区単位にまで落とし込んだ推計がどこまで可能か，そして市区町村を越えた広域な予測をどう行うことができるかである。前者は，公共私連携のデータベースになるであろう。そして後者は，いかにして自治体間で情報を共有するかにかかっている。自治体職員も住民も直感的にとらえているであろう未来像を，「地域の未来予測」というデータ化された形で客観的に共有することが，その先の連携の基盤になる。

当面の連携は，観光や経済といった厳密な意味での推計に馴染まない領域で進んでおり，投入資源の制約とは別に短期的に近隣自治体とウイン・ウインの関係になりそうな分野が中心となっている。未来予測を通じて，厳しい未来像が出れば，それにあわせた投入資源の削減すなわち行政サービスの整理や合理化も必要になってくる。自治体間で未来予測を共有できれば，住民も含めて，未来に向けた冷静な判断も可能になるかもしれない。こうして，地域の未来予測は，自治体の部局内の問題意識を，その外部へと広く転写させるきっかけとなるのである。

4　新型コロナウイルス感染症の時代の地方自治

（1）一層の人口減

新型コロナウイルス感染症の感染拡大後，出生率が大きく低下しており，将来的に人口減が加速する可能性が出てきた。だからこそ，人口減のパターンの中で個別自治体の位置づけを問い直すことが必要になってくる。**図表11-1**は第32次地方制度調査会の第１次報告添付の資料で公表したものである。横軸に75歳以上の高齢者人口の2040年での増減予測，縦軸に15～74歳の労働者人口の増減予測を置き，全自治体をそこにあてはめている。また東京都，埼玉県，広島県での分布も例示されている。

第１のパターンが，労働者人口が増加し，高齢者人口が急増するもので，東京都特別区など人口流入の多い自治体である。

図表11－1　第32次地方制度調査会『参考資料１－１ 2040年頃にかけて顕在化する変化・課題関係』

2(1)地域ごとに異なる変化・課題の現れ方の例　75歳以上人口増減率と15～74歳人口増減率（2015年→2040年）

15～74歳人口増減率 ＼ 75歳以上人口増減率（2015年→2040年）	～▲50%	▲50%～▲25%	▲25%～±0%	±0%～＋25%	＋25%～＋50%	＋50%～＋75%	＋75%～＋100%	＋100%～＋125%	＋125%～＋150%
＋25%～						2団体 (0.1%) 20.0万人 (0.2%) →26.5万人 (0.2%)	1団体 (0.1%) 24.3万人 (0.2%) →32.3万人 (0.3%)	①	
±0%～＋25%			⑥	5団体 (0.3%) 105.7万人 (0.8%) →113.1万人 (1.0%)	11団体 (0.7%) 283.5万人 (2.3%) →312.0万人 (2.8%)	14団体 (0.8%) 237.3万人 (1.9%) →255.4万人 (2.3%)	16団体 (1.0%) 328.6万人 (2.6%) →359.3万人 (3.3%)	4団体 (0.2%) 34.9万人 (0.3%) →39.0万人 (0.4%)	2団体 (0.1%) 10.9万人 (0.1%) →12.8万人 (0.1%)
▲25%～±0%		⑤	1団体 (0.1%) 0.1万人 (0.0%) →0.1万人 (0.0%)	56団体 (3.3%) 663.0万人 (5.3%) →578.3万人 (5.3%)	180団体 (10.7%) 3070.5万人 (24.5%) →2794.5万人 (25.5%)	146団体 (8.7%) 2985.2万人 (23.8%) →2810.8万人 (25.7%)	43団体 (2.6%) 901.5万人 (7.2%) →867.1万人 (7.9%)	7団体 (0.4%) 45.7万人 (0.4%) →44.9万人 (0.4%)	3団体 (0.2%) 19.3万人 (0.2%) →20.0万人 (0.2%)
▲50%～▲25%		16団体 (1.0%) 2.8万人 (0.0%) →1.6万人 (0.0%)	209団体 (12.4%) 415.2万人 (3.3%) →267.3万人 (2.4%)	368団体 (21.9%) 1489.2万人 (11.9%) →1062.2万人 (9.7%)	163団体 (9.7%) 1053.0万人 (8.4%) →798.7万人 (7.3%)	54団体 (3.2%) 394.2万人 (3.1%) →309.9万人 (2.8%)	7団体 (0.4%) 22.8万人 (0.2%) →17.9万人 (0.2%)	3団体 (0.2%) 18.0万人 (0.1%) →14.7万人 (0.1%)	②
▲75%～▲50%	7団体 (0.4%) 1.7万人 (0.0%) →0.6万人 (0.0%)	102団体 (6.1%) 48.3万人 (0.4%) →22.4万人 (0.2%)	191団体 (11.4%) 237.1万人 (1.9%) →127.5万人 (1.2%)	52団体 (3.1%) 82.3万人 (0.7%) →47.1万人 (0.4%)	7団体 (0.4%) 9.8万人 (0.1%) →5.7万人 (0.1%)	7団体 (0.4%) 12.2万人 (0.1%) →7.1万人 (0.1%)		③	
～▲75%	2団体 (0.1%) 0.3万人 (0.0%) →0.1万人 (0.0%)	3団体 (0.2%) 0.6万人 (0.0%) →0.2万人 (0.0%)		④					

	団体数	2015年人口	2040年人口	特別区	指定都市	中核市	一般市	町村
①15～74歳人口増加、75歳以上人口急増(25%以上の増)	50 (3.0%)	939万人 (7.5%)	1,037万人	11	2	0	20	17
②15～74歳人口減少(25%未満の減)、75歳以上人口急増(25%以上の増)	379 (22.5%)	7,022万人 (56.1%)	6,537万人	4	18	37	213	107
③15～74歳人口急減(25%以上の減)、75歳以上人口急増(25%以上の増)	241 (14.3%)	1,510万人 (12.1%)	1,154万人	0	0	8	120	113
④15～74歳人口急減(25%以上の減)、75歳以上人口安定(25%未満の増減)	820 (48.8%)	2,224万人 (17.8%)	1,504万人	0	0	5	316	499
⑤15～74歳人口急減(25%以上の減)、75歳以上人口急減(25%以上の減)	130 (7.7%)	54万人 (0.4%)	25万人	0	0	0	8	122
⑥15～74歳人口安定(25%未満の増減)、75歳以上人口安定(25%未満の増減)	62 (3.7%)	769万人 (6.1%)	691万人	8	0	5	27	22
計	1,682	12,518万人	10,949万人	23	20	55	704	880

※ 国立社会保障・人口問題研究所「日本の地域別将来推計人口(H30.3)」から作成。地域別将来推計人口では福島県内市町村は推計がないため、市区町村数の合計は1,682としている。境界線上に位置する場合は、上位に分類している。

出所）第32次地方制度調査会第15回専門小委員会資料１－４を一部加工。

第２のパターンは，労働者人口が減少し，高齢者人口が急増するもので，政令指定都市と中核市の大部分が含まれる。

第３のパターンは，労働者人口が急減し，高齢者人口が急増するという危機的な自治体である。大都市部よりは規模の小さい一般市で見られる。県ごとの資料では埼玉県の都市郊外部に広がっているが，東京都にはほとんど見られず，広島県では全く存在しない。

第４のパターンは，労働者人口が急減し，高齢者人口は安定するというもので，一般市の半数近くと町村の半数以上がここを占める。すでに高齢者人口増のピークを過ぎて過疎化が進む地域である。

第５のパターンは，労働者人口も高齢者人口も急減するというもので，急速な過疎化が進行している地域である。

第６のパターンは労働者人口も高齢者人口も安定しているもので，東京都西北部の特別区と一部の一般市・町村に見られる。東京都で後者の例は日の出町なので，23区西北部とは，人口が安定している理由は異なるであろうことが想定され，ここに該当する地域は様々である。

このように地域の人口の減少だけではなく，世代別の人口動態が，未来の地域の性格を規定する。こうした世代別の人口動態が近いパターンの自治体間では，相互に今後の政策について参照・学習することが重要になってくるのである。

（2）地域コミュニティと関係人口

地域コミュニティについては，新型コロナの中で公共私連携・圏域連携の速度が全体として鈍る中で，どのようにその結びつきを維持するかが問われる。生活拠点が，密が生まれやすい地域から，密が生まれにくい地域へと移りつつある。そうだとすると，密ではない空間をどう再活用するかが，あらゆる地域で課題となる。

新型コロナウイルス感染症以前には，できるだけ密となる空間を創り出し，人流を集めようとしてきた。その典型が観光地に人が集まりすぎる「オーバーツーリズム」である（阿部 2020）。代わって，居住地近隣のコミュニティを拠点とすることの重要性が増している。そこからリスクの低い近隣へと移動範囲を広げていかないと，本来の意味での人の交流が生まれたとは言えない。関係人口の再構築の出発点はここにある。

そうした関係人口の再構築の一つの可能性は，実験的手法を導入してみることである。筆者の所属する東京大学先端科学技術研究センターでは，地域共創リビングラボという取組を進めている。リビングラボとは，北欧で普及した住民参加の社会実験の手法であり，社会実験とワークショップを繰り返し，地域のあり方についての合理的な解決策を探っていく。これを地域のもろもろの組織をゆるやかに結びつける手法として活用したプロジェクトが，地域共創リビングラボである。**図表11-2**はそれを図示したものである。ここでは，ワークショップや社会調査と対話を繰り返すことで，マルチレイヤー化を図ろうとしている。サイクルを周回すればするほど，地域の組織や大学など研究機関と，東大や大都市部の企業などが連携することができると予測している。東大先端研は，文系から理系まで多様な研究分野を持つため，他の研究機関では生じにくい研究分野間の連携が可能であり，それぞれが保有する地域との連携が全体で大きな束になることが可能であると考えているのである。

こうした試みを各地の自治体が当座の成果を狙わずに実験してみることは，2040年がまだ先であれば有意義であろう。特に高齢化のピークが2040年よりも後であると予測される自治体では，時間的余裕がある。こうした手法によって新しい政策開発の可能性を探ることもまた，重要である。

図表11-2　東京大学先端科学技術研究センター地域共創リビングラボが構築する共創のスキーム

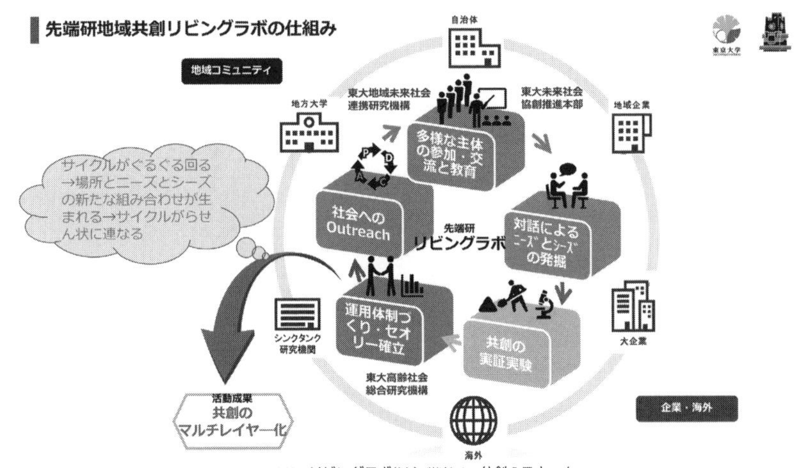

先端研リビングラボ(LL)が構築する共創のスキーム

（3）平時・非平時の政策決定と専門知

人口減という内政分野の課題の重要性は，概ね了解されており，今やそれ自体が目新しい政策課題ではない。しかし，それへの処方箋をどのように決めていくかが不透明である。バックキャスティングはそれを決める一つの手法であり，2040構想研究会が提案しているように，地域の未来予測の策定やデジタル化の推進といった課題を優先しつつ全体として取り組んでいくことが必要になってくるであろう。

ところが，そこへ現れたグローバル・パンデミックでは，専門知を動員してどう政策決定を行うかが改めて問われた。政治・行政・専門知の関係性が問われているのである。

例えば平時から非平時への切り替えの仕組みというのは，安全保障の場合は軍事衝突という明らかな事件をきっかけとすることができるし，経済の場合でも，株価が大暴落するとか為替が大きく動くといった指標によって判断は付く。しかし，内政分野については大災害の場合は明白であったとしても，感染症では必ずしも危機を体感できるわけではない。人口減ともなれば，なおさらである。そして現在のように，感染症と人口減という危機が重畳している中で，どうやって平時と非平時との間で切り替えるのかという課題は未解決である。ここに地震・火山噴火や気候変動に伴う巨大台風などが到来すれば，複合災害の中で政策決定が混乱することは明らかなのである。

加えてデジタル技術の革新によって，決定は加速化せざるを得ない。電子メールを大量かつ同時に受信してしまえば，可能な限り即時に返信せざるを得ない状況に陥るであろう。しかも，決定の解像度がますます高度化して，内容が複雑かつ精妙になってきている。ここにSNSを通じて，世論の反発リスクが高まりつつある。

このような状況で人々の了解と信頼を得るには，公開のもとで議論して平時と非平時とを往来する制度的な仕組みが不可欠になってくる。経済では経済財政諮問会議があり，外交分野では国家安全保障会議の設置によって，そうした根本方針を随時検討する場が創られたが，災害・感染症・人口減に対応する内政分野は手つかずとなっている。個別には何らかの諮問機関はあるが，危機が重畳したときにこれらを全般として検討する場は存在しない。経済・外交にあわせて，内政諮問会議とでも称すべき総合的な政策形成や政策討議の場が，今後必要になってくるであろう。もっとも，内政分野全般の専門家はいない。個別の分野の専門家が，いくらかなりとも他分野について知見を蓄積し，その上で内政全般について考えることが必要になってくる。すでに，新型コロナ対策では，基本的対処方針分科会において，感染症専門家と経済の専門家とが数年にわたって議論を交わし，少しずつ相互了解が進んできた。当初に比べて，感染症対策と経済対策との間の合理的な討議が行われつつあると言える。こうした蓄積を内政全般で進める場としての内政諮問会議を徐々に制度化することで，平時と非平時との移行も，説明責任を十全に果たしつつ進めることができるであろう（牧原 2021b）。

5 「人口減型社会」とは？

デジタル化，公共私のベストミックス，圏域連携といった解決策は，人口減の対策として有効ではあろうが，本来は人口減の有無にかかわらず，国も地方も進めるべき課題である。バックキャスティングという手法を取り，政策をもう一回整理すると，これらが他よりも優先して取り組むべき課題であることが見えてくる。バックキャスティングにより全体を見渡すことで，政策のまとまり具合や，その背後にある共通の問題が浮かび上がってきたのである。

そして，バックキャスティングの手法は，2040構想研究会を超えて広がってきている。たとえば2050年を見据えた国土づくりについて，国交省が最終取りまとめを行い，多彩な地域生活圏を提案した。デジタル化によって人口10万人前後の圏域を考え，居住地域をその中に含めていくという提案である。ここでは2050年がターゲットイヤーになっている。このように指標となる年には，施策の性格に応じて変わっていく。つまり，2040年問題として，内政全般の課題を総務省の研究会が設定したが，だからといって総務省が各省に指示を出して全体がバックキャスティングに向けて動き出したわけではない。関係する主として内政分野の複数の省が，政策立案の手法とアイディアを学習しつつ，問題意識を徐々に共有し，それぞれがターゲットイヤーを考え，未来の問題を先取りして現在の施策を再構築しているのである。

こうして次第に形作られる社会の姿は，分権型社会ではあろうが，人口減を前提にしつつも地域の自治が充実した社会である。これを「人口減型社会」と呼ぶならば，そこでは，人口の増減とは別に地域は独自の「尊厳」を持つべきである（内尾 2018, 牧原 2021a）。介護福祉で「患者の尊厳」が価値として重視されるが，人口減で課題を抱えつつも自治を守るコミュニティには，尊厳を持って互いに向き合うべきではないだろうか。悲観することもなく焦ることもなく，地域が人口減を受け入れ，自治をより実のあるものにすることがこれからは必要なのである。

参考文献

阿部大輔（2020）『ポスト・オーバーツーリズム―界隈を再生する観光戦略』学芸出版社
内尾太一（2018）『復興と尊厳―震災後を生きる南三陸町の軌跡』，東京大学出版会
林昌宏（2020）「第５章　背景としての歴史」入江容子・京俊介編『地方自治入門』ミネルヴァ書房
牧原出（2021a）「人口減の未来を見越した自治体経営とは何か？」『都市社会研究』第13号
牧原出（2021b）「今こそ『内政諮問会議』を設置せよ」『週刊東洋経済』７月24日号

人口減少・少子高齢化社会における政策課題に関する研究会

（委　員）

安宅　和人　慶應義塾大学環境情報学部教授，ヤフー株式会社CSO

伊藤由希子　津田塾大学総合政策学部総合政策学科教授

大久保敏弘　慶應義塾大学経済学部教授

栗本　博行　名古屋商科大学学長

権丈　善一　慶應義塾大学商学部教授

小嶋　大造　東京大学大学院農学生命科学研究科准教授

島崎　謙治　国際医療福祉大学大学院教授

白石　　隆　政策研究大学院大学名誉教授，政策研究院チーフ・エグゼクティブ・ディレクター

清家　　篤　日本私立学校振興・共済事業団理事長，慶應義塾学事顧問（座長）

西脇　　修　政策研究大学院大学特任教授，同政策研究院参与

丹羽　恵久　ボストン コンサルティング グループ　マネージング・ディレクター & パートナー

星野　佳路　星野リゾート代表

堀　真奈美　東海大学健康学部教授

牧原　　出　東京大学先端科学技術研究センター教授

安井　健悟　青山学院大学経済学部教授

柳川　範之　東京大学大学院経済学研究科・経済学部教授（座長代理）

（オブザーバー）

有利浩一郎　財務省　主計局　調査課長

井上　睦子　文部科学省　初等中等教育局　幼児教育課長

植田　昌也　総務省　自治行政局　市町村課長

大倉　紀彰　Center for Climate and Energy Solutions　客員研究員（前環境省　環境再生・資源循環局企画官）

金指　　壽　経済産業省　経済産業政策局　産業創造課長

島村　知亨　農林水産省　農林水産技術会議事務局　研究推進課長

武藤　祥郎　東京大学大学院経済学研究科特任教授（不動産イノベーション研究センター）（前国土交通省　不動産・建設経済局　不動産市場整備課長）

山下　　護　厚生労働省　保険局　医療介護連携政策課長

＊肩書きはいずれも研究会開催当時

[執筆者紹介]

清家　篤（せいけ　あつし）　第１章第１節，第２節

編著者紹介参照

西脇　修（にしわき　おさむ）　第１章第３節

編著者紹介参照

山田　久（やまだ　ひさし）　第１章第４節

株式会社日本総合研究所副理事長

大倉紀彰（おおくら　のりあき）　第１章第４節，第８章

環境省大臣官房　環境影響評価課長　兼　総合政策課政策調整官

高部陽平（たかべ　ようへい）　第２章

ボストン コンサルティング グループ　マネージング・ディレクター & シニア・パートナー

丹羽恵久（にわ　よしひさ）　第２章

ボストン コンサルティング グループ　マネージング・ディレクター & パートナー

中川正洋（なかがわ　まさひろ）　第２章

ボストン コンサルティング グループ　マネージング・ディレクター & パートナー

森信茂樹（もりのぶ　しげき）　第３章

東京財団政策研究所研究主幹

安井健悟（やすい　けんご）　第４章

青山学院大学経済学部教授

伊藤由希子（いとう　ゆきこ）　第５章

津田塾大学総合政策学部教授

権丈善一（けんじょう　よしかず）　第６章

慶應義塾大学商学部教授

有利浩一郎（ありとし　こういちろう）　第６章

財務省主計局主計官

山下　護（やました　まもる）　第6章

厚生労働省保険局保険課長

大久保敏弘（おおくぼ　としひろ）　第7章

慶應義塾大学経済学部教授

武藤祥郎（むとう　さちお）　第7章

東京大学大学院経済学研究科特任研究員（不動産イノベーション研究センター）

星野佳路（ほしの　よしはる）　第9章

星野リゾート代表

島村知亨（しまむら　かずゆき）　第10章

農林水産省東海農政局消費・安全部長

牧原　出（まきはら　いづる）　第11章

東京大学先端科学技術研究センター教授

[編著者紹介]

清家　篤（せいけ　あつし）

日本赤十字社社長，慶應義塾学事顧問，慶應義塾大学名誉教授。博士（商学）。
専攻は労働経済学。
1992年慶應義塾大学商学部教授，2007年より商学部長，2009年５月から2017年５月まで慶應義塾長（慶應義塾理事長，慶應義塾大学学長）。2018年より2022年まで日本私立学校振興・共済事業団理事長。2022年より現職。これまで社会保障制度改革国民会議会長，日本労務学会会長などを歴任。現在，労働政策審議会会長，全世代型社会保障構築会議座長などを兼務。2016年フランス政府よりレジオン・ドヌール勲章シュヴァリエを受章。
主な著書に『労働経済』（共著）東洋経済新報社（2020年），『雇用再生』NHKブックス（2013年），『エイジフリー社会を生きる』NTT出版（2006年），『高齢者就業の経済学』（共著）日本経済新聞社（2004年，第48回日経・経済図書文化賞（2005年）受賞），『定年破壊』講談社（2000年），『生涯現役社会の条件』中公新書（1998年），『高齢化社会の労働市場』東洋経済新報社（1993年，第17回労働関係図書優秀賞（1994年）受賞）など。

西脇　修（にしわき　おさむ）

前政策研究大学院大学特任教授，上智大学国際関係研究所客員研究員。
博士（政策研究）。
1993年東京大学法学部卒業，1997年タフツ大学フレッチャー法律外交大学院修了（MALD）。1993年通商産業省（現経済産業省入省）。三重県農水商工部産業支援室長，内閣官房東日本大震災復興対策本部事務局企画官，貿易経済協力局安全保障輸出管理国際室長，通商政策局通商機構部参事官（総括担当），貿易経済協力局戦略輸出交渉官等を歴任。
主な著書・論文に『経済安全保障と技術優位』（共編著）（勁草書房，2023年），『米中対立下における国際通商秩序』（文眞堂，2022年），『国際通商秩序の地殻変動』（共編著）（勁草書房，2022年）。

人口減少・少子高齢化社会の政策課題

2023年３月30日　第１版第１刷発行
2024年５月10日　第１版第２刷発行

編著者　清　家　　篤
　　　　西　脇　　修
発行者　山　本　　継
発行所　㈱中央経済社
発売元　㈱中央経済グループパブリッシング

〒101-0051　東京都千代田区神田神保町１-35
電話　03（3293）3371（編集代表）
　　　03（3293）3381（営業代表）
https://www.chuokeizai.co.jp
印刷／㈱堀内印刷所
製本／㈲井上製本所

＊頁の「欠落」や「順序違い」などがありましたらお取り替えいたしますので発売元までご送付ください。（送料小社負担）

ISBN978-4-502-45311-3　C3031